· 熊澄宇 ·

　　美国杨百翰大学博士，欧洲科学、艺术与人文院院士，四川大学文科讲席教授，上海交通大学访问讲席教授，清华大学责任教授，中国传媒大学资深教授、文化发展与传播研究院院长，成都大学战略指导委员会副主任，海南师范大学熊澄宇院士工作站主持人。

内容简介

　　三峡是长江的标志性河段，三峡文化是长江文化的重要组成，三峡文明是中华文明的重要体现。作为首部系统深入分析三峡文物与中华文明内在关系的著作，本书站在中华民族现代文明建设的高度，梳理前三峡、后三峡时代的三峡文物保护、活化与传播，阐释文物与文化、文明之间的关联；厘清三峡文物的历史进程与阶段性特征，系统发掘和阐释三峡文物的价值及意义，初步确立三峡文物的核心价值体系；从空间与发展的角度阐述具有悠久历史、独具特色且影响巨大的三峡文化，分析提炼三峡文化的核心竞争力与凝聚力；通过再现中华文明多元一体格局的形成以及中国历史不同地域之间的文化交流过程，厘清三峡文化与三峡文明的历史发展之路，全面探寻三峡文物、三峡文化与长江文化、中华文化及中华文明的关系，厘定了三峡在中华文化形成之路与中华文明复兴之时所处的重要位置，考察了三峡文明在长江文明、黄河文明及中华文明中的重要性，以及其对中华文明、世界文明的重要影响与意义。

熊澄宇

著

三峡文物与中华文明

四川大学出版社
SICHUAN UNIVERSITY PRESS

图书在版编目（CIP）数据

三峡文物与中华文明 / 熊澄宇著. 一 成都：四川
大学出版社，2023.11
ISBN 978-7-5690-6124-6

Ⅰ. ①三… Ⅱ. ①熊… Ⅲ. ①三峡－历史文物－文物
保护②中华文化 Ⅳ. ① K872.719② K203

中国国家版本馆 CIP 数据核字（2023）第 086128 号

书　　名：三峡文物与中华文明
　　　　　Sanxia Wenwu yu Zhonghua Wenming
著　　者：熊澄宇

出 版 人：侯宏虹
总 策 划：张宏辉
选题策划：蒋　玙　李畅炜
责任编辑：荆　菁　李畅炜
责任校对：宋彦博
装帧设计：墨创文化
责任印制：王　炜

出版发行：四川大学出版社有限责任公司
　　　　　地址：成都市一环路南一段 24 号（610065）
　　　　　电话：（028）85408311（发行部）、85400276（总编室）
　　　　　电子邮箱：scupress@vip.163.com
　　　　　网址：https://press.scu.edu.cn
印前制作：四川胜翔数码印务设计有限公司
印刷装订：四川华龙印务有限公司

成品尺寸：170 mm×240 mm
印　　张：15.75
字　　数：177 千字

版　　次：2023 年 11 月 第 1 版
印　　次：2023 年 11 月 第 1 次印刷
定　　价：108.00 元

扫码获取数字资源

四川大学出版社
微信公众号

目录

第二篇　三峡文化

第三篇　三峡文明

绪　论

注：重庆市文物考古研究院供图。

丰都名山古建筑群

　　三峡地区在我国政治、经济、文化等方面具有非常重要的战略地位。它地跨川鄂低山峡谷和川东平行岭谷低山丘陵区，北靠大巴山麓，南依云贵高原北缘，地质上处于大巴山断褶带、川东断褶带和川鄂湘黔隆起褶皱带三大构造单元的交会处。强烈的造山运动引起海陆变迁和江水下切，形成独特的峡谷地貌，也构成了一个相对独立的地理单元。三峡地区恰好位于我国地势三大阶梯中第二阶梯与第三阶梯的交会地带，成为我国东与西、面向海洋和面向亚洲腹地的两大地理单元的重要接合部之一，这一区域的自然、人文面貌既反映了地理区划中的分区特征，又表现出了接合部互相交融的特点。

就现阶段的考古成果来说，三峡文物体现出极高的研究价值。重庆三峡地区出土一般文物 14.3 万余件，珍贵文物 8000 余件，其中乌杨阙、鸟形尊、三羊尊、虎钮錞于、景云碑、粉青凤耳瓶、蟠螭纹提梁壶等是重庆三峡地区重要的代表性出土文物。而在三峡地区发现的"小田溪文化""中坝文化""楠木园文化""柳林溪文化""朝天嘴文化"等新的考古学文化，填补了三峡地区文化的许多阶段性空白，有助于廓清三峡地区考古学文化的基本面貌并完善三峡地区考古学文化序列。

一、彰显三峡文物价值，推动长江国家主题公园重庆段建设

党中央、国务院高度重视三峡文物保护利用工作。三峡工程建设期间，开展了我国迄今为止规模最大的文物抢救保护行动：实施地面、地下文物保护项目 1128 项，出土文物 20.7 万余件/套，大量地下文物得到有效抢救保护，基本构建起三峡地区历史文化发展脉络；完成 364 项地面文物迁建和修复工程；新建、改建、扩建博物馆 34 座，其中国家一级博物馆 3 座，建成世界上第一个水下遗址博物馆（白鹤梁水下博物馆），博物馆建设水平在全国居于前列；文博机构队伍得到壮大，县级文物管理机构覆盖率达 100%；文物考古研究取得重要成果，累计出版 91 部考古报告和研究专著，发表研究文章 2400 余篇。① 2011 年三峡工程建成至

---

① 国家文物局，文化和旅游部，国家发展改革委，自然资源部，水利部，重庆市人民政府，湖北省人民政府：《三峡文物保护利用专项规划》，2023 年 4 月 20 日。

今，又实施 207 项文化遗产保护项目，消落区考古发掘、可移动文物保护与修复、文物保护与利用、文化生态保护区和展示场馆建设及三峡历史文化展示等工作取得新的进展；出土文物 3.4 万余件/套；建成三峡文物科技保护基地、三峡数字博物馆、三峡文物修复中心，进一步提升三峡文物科技保护能力和水平；累计开放不可移动文物 524 处，已有 65 处不可移动文物所在地被评为 3A 级以上旅游景区，有力促进地方文化旅游经济发展，助推了三峡地区民众安稳致富。①

习近平总书记在 2020 年 11 月召开的全面推动长江经济带发展座谈会上指出，要把长江文化保护好、传承好、弘扬好，延续历史文脉，坚定文化自信；要保护好长江文物和文化遗产，深入研究长江文化内涵，推动优秀传统文化创造性转化、创新性发展；要将长江的历史文化、山水文化与城乡发展相融合，突出地方特色。② 《中华人民共和国国民经济和社会发展第十四个五年规划和 2035 年远景目标纲要》明确提出"保护好长江文物和文化遗产"，《"十四五"文物保护和科技创新规划》提出保护好长江文物和文化遗产，重点加强三峡文物保护利用。③ 此外，《关于加强文物保护利用改革的若干意见》《"十四五"文物保护和科技创新规划》《"十四五"长江经济带发展规划实施方案》

---

① 国家文物局，文化和旅游部，国家发展改革委，自然资源部，水利部，重庆市人民政府，湖北省人民政府：《三峡文物保护利用专项规划》，2023 年 4 月 20 日。

② 国家文物局，文化和旅游部，国家发展改革委，自然资源部，水利部，重庆市人民政府，湖北省人民政府：《三峡文物保护利用专项规划》，2023 年 4 月 20 日。

③ 国家文物局，文化和旅游部，国家发展改革委，自然资源部，水利部，重庆市人民政府，湖北省人民政府：《三峡文物保护利用专项规划》，2023 年 4 月 20 日。

提出了建设长江文化公园的倡议，要求各部门各单位保护好长江文物和文化遗产，大力传承弘扬长江文化，推动优秀传统文化创造性转化、创新性发展。[①] 建设国家文化公园，是推动新时代文化繁荣发展的重大文化工程，习近平总书记高度重视国家文化公园建设，作出系列重要指示批示，部署出台相关重要政策文件，为中国特色国家文化公园建设指明了目标方向、提供了根本遵循。[②] 在党中央的坚强领导下，长江沿线文物和文化资源家底不断夯实，保护状况持续改善，展览展示水平极大提升，宣传教育功能日益彰显，综合效益有效发挥，人民群众的文化生活空间不断拓展，中华优秀传统文化、革命文化、社会主义先进文化广泛弘扬。[③] 建设长江国家文化公园，充分激活长江丰富的历史文化资源，系统阐发长江文化的精神内涵，深入挖掘长江文化的时代价值，对于深入贯彻落实习近平总书记关于国家文化公园建设系列重要指示精神，丰富完善国家文化公园体系，打造中华文化重要标志，延续历史文脉、坚定文化自信，进一步提升中华文化标识的传播度和影响力，向世界呈现绚烂多彩的中华文明，具有重大而深远的意义。

目前长江国家文化公园的建设已启动，但在国家层面长江重庆段尚未被纳入重点建设的区域，本书立足于长江三峡文物保护和利用示范区建设，将三峡文物的保护和开发提升到中华文明建设的高度，从空间与发展的角度，探讨三峡文物、长江文明与黄河文明、中华文明之间的关系，

---

① 新华社：《长江国家文化公园建设正式启动》，https://www.mct.gov.cn/whzx/whyw/202201/t20220104_930253.htm。

② 新华社：《长江国家文化公园建设正式启动》，https://www.mct.gov.cn/whzx/whyw/202201/t20220104_930253.htm。

③ 新华社：《长江国家文化公园建设正式启动》，https://www.mct.gov.cn/whzx/whyw/202201/t20220104_930253.htm。

从文物到文明的角度，探讨三峡文物、长江文明在不同时间段的意义，发现和挖掘重庆三峡地区的价值，从而争取更广泛的关注，力求推动将重庆三峡地区纳入长江国家文化公园重点建设区域。

二、文化与文明概念及演化特征的异同

长久以来，学术界一直对"文化"与"文明"的概念辨析有所讨论，但并未形成统一意见。一些学者将"文化""文明"混用而没有进行区分，例如在人类学家泰勒的笔下，"文化"与"文明"是一对不甚分明的概念："文化或者文明是一个复杂整体，它包括知识、信仰、艺术、道德、法律、风俗以及作为社会成员的人所具有的其他一切能力与习惯。"[①] 从词源学的角度而言，"文化"和"文明"注定是不同的概念。文化（culture）一词源于拉丁文"cultura"，意为耕种之物、人造自然物。德文"kultur"、法文"culture"，皆受到英文"culture"的影响，其基本含义也扩展至教养、陶冶、栽培、养育和耕作等。[②] 文明（civilization）的意思是"公民的，国家的，用以表示人、社会和国家的进步状态"[③]。总的来说，似乎可以这样理解：文化是"文"对事物的养治与化育，而文明侧重于"文"的彰显与外示。

在汉语里，两千余年前的中国典籍中就出现了"文"与"化"。"文"表示色泽交错的纹理。《周易·系辞》云："物相杂，故曰文。"《礼记·乐记》云："五色成文而不

---

① ［英］爱德华·泰勒：《原始文化》，蔡江浓编译，浙江人民出版社1988年版。
② 李津：《世界文化知识精华》，中国戏剧出版社2007年版。
③ 《中国大百科全书》总编委会：《中国大百科全书·第23卷》，中国大百科全书出版社2009年版。

乱。""文"在其中有文字、文籍、文章、文学之意。"化"亦是古代的一个重要概念。古人认为万事万物都有生克制化，化是一种规律。《周易》中的"观乎人文，以化成天下"最早将"文""化"二字放在一起。"文明"最早在《周易·乾·文言》中出现："见龙在田，天下文明。"《尚书·舜典》对文明一词的解释是："经天纬地曰文，照临四方曰明。"文明一词的内涵即"文化光明"。

笔者在《以文明互鉴促民心相通》一文中指出："文化是客观存在，文明是发展过程。文化的特征是差异，文明的特征是融合。人类文明发展史告诉我们，地理、气候、历史、民俗等不同的因素，在世界范围内都构成了一方水土一方人的文化形态。"[1] 这种文化文明观，在建构中互构，在互构中建构，其旨包含对立统一的哲学思想，其形似有太极图之态，一动一静，历时共时。因具有思辨性、准确性和客观性，其业已成为学术研究领域引用量和认可度较高的观点。结合"文化是客观存在，文明是发展过程"的核心观点，文物是使文化和文明可见、可感的具象媒介。下文基于将文物作为媒介的传播学视角，对文化与文明的异同点进行论述。

其相同点有二。

第一，文化与文明的产生是同根同源的。"人的全部社会生活在本质上是实践的"，文化与文明在本质上也是实践的，人类的劳动、生产、实践是人类文化与文明诞生的母体，是文化与文明之流的源头。

第二，从历史的跨度来看，文化与文明是流动与发展的。文化与文明不是先天就有的，而是受人类社会的驱动而产生

---

[1] 熊澄宇：《以文明互鉴促民心相通》，《求是》2015 年第 10 期。

的，它们具有一定的动态性，随着人类实践的变化而变化，一种经验性的必然在于文化与文明的总趋势是向上的，即发展与进步的。

从根本上来说，文化与文明的生发演化受到生产力的牵引。例如，我国古代不同材质器物的出现会带动绘画、雕刻等艺术形式的演变，不同时代器物上的文字、图案、画像等具体内容反映了不同时代思想观念的特征。从我国文物形制演变规律来看，新石器时代普遍使用石器、陶器，商周时期流行使用青铜器、漆器，战国时期砖瓦开始普及，汉代石刻较为流行，其后更为精致的陶瓷器得到广泛使用。这些器具或为日常用品，或为墓葬祭祀所用，或为建筑装饰的一部分，生产工艺的不断改进和经济的发展使得更加先进的材料和技艺被应用至器具生产，以文物为媒介，文字、图像及背后的精神文化得以在当时的区域广泛传播并不断演进。

其不同点有三。

第一，从发生学的角度来看，文化一般先于文明而存在。在一个相对确定的社会单元里，文化的存在是相对多元的，而文明是多种异质性的文化经过时间的选择后形成的特定时间范围内的主流文化集合，其中包含了整体和部分的维度及时间的维度。例如，现在经常讲"文化产业化"，文化是可以被产业化的，但文明则不能被产业化，产业本身即代表着文明。又如，过时、落后的文化，仍可以被称作文化，但文明是与时俱进、具有时间要求的，过时的文明免不了湮没于历史长河中，或是被卷入新文明的更新浪潮中。当文化以一种知识、价值观念、意识等精神性的形式存在时，它还不显现为文明，只有当文化通过人的实践对象化或转化为物质产品与精神产品时，才确切地表现为文明。当然，并不是所有文化最终都能转化或被对象化为文明，文明记录与代表的是社会在一定发展阶段的主流或主导性文化。

第二，文化具有培育媒介物的功能，是文明的精神内核和灵魂。在文化与文明的关系中，媒介物是一个重要的中介，例如置之于三峡文化与文明之中，即古代三峡地区遗留的文物，它们具有完成自身效用以适应当时的社会需求、记录三峡历史并向现代人传递当时的思想观念的媒介功能。例如，汉代三峡地区与中原地区的墓葬形制同为汉代砖（石）室墓的主流分支，砖（石）室墓作为汉代厚葬之风的产物，是一种文明的存在物，但并不是文化，只有建造砖（石）室墓的知识、技术、目的、意图及其所蕴含的丧葬思想才是文化。同样，丧葬制度可视为一种文明的媒介符号，但制度本身并不是文化，制度建立背后的理念才是文化。社会的丧葬礼仪形式、风俗、习惯与人们的行为方式本身不是文化，蕴含在这些礼仪形式、风俗、习惯与人们的行为方式背后的价值观与道德观才是文化。一个国家或民族的文明是由其精神之魂与文化支撑的，离开了文化这一内核，这个国家或民族的文明就会形同虚设。

第三，通过媒介物彰显文明，是文化传播的功能和手段。从横向来看，文化需要借助文明的载体，才能发挥其影响力与辐射力，才能成为一种软实力。在文明社会中，通过媒介物的彰显，文明成为文化的存在方式，即文明是文化的载体，也是文化传播的使者。例如，古代商品的交换使得商品中蕴含的文化价值也得以交换，扩大了文化传播的距离。从纵向来看，文明通过媒介物而被记录与留存，也是文化保存与传承的一种主要方式。一个部落、民族或者一个朝代，当下它们可能已经不复存在，但只要它们曾经创造的文明的载体（如器物）仍然留存着，它们的文化也就依然存活着。考古的意义与价值之一就在于，它能够通过人类遗留下来的遗迹与遗物再现或"复活"已被遗忘或已消失的文化。例如，三峡地区发掘的诸多墓葬中，陪葬品与墓壁上的装饰可以传递其时的经济、政治、文化等各方面信息，今人能据以推断其时的生活与思想。

总而言之，从概念与演化特征来看，"文化是具体的、感性的实践行为和意识形态，文明是概括的、总体的、历史的形态。"① 文化强调方式，文明强调结果；从互动关系来看，文化创造文明，文明推动文化。文化与文明在发展过程中存在着相互渗透、相互促进、互为因果的双向互动关系。以文物这种媒介物为中介，先进文化的发展有益于文明的延伸，同样文明的进展也影响着文化的生存、延续与传播。需要特别指出的是，本书所讨论的文物、文化与文明均基于三峡地区在地理范围上的界定而展开，但与物质层面的清晰边界不同，文化、文明是复杂与交融的，所以通过文物展示出的三峡文化与文明不仅局限于单纯的地理范围，而有更为深广的内涵和意义阐释空间。

三、三峡地区的形成与空间范围

长江三峡地区位于我国地势第二阶梯的东缘。在漫长的地质年代，长江三峡地区经历了三次较强的构造运动，即前震旦纪的晋宁运动、侏罗纪末期至白垩纪时期的燕山运动和早第三纪末期的喜马拉雅运动。多次强烈的造山运动引起的海陆变迁与江河发育过程使三峡地区成为我国南方最有代表性的地质单元之一，震旦系-白垩系的地层出露

① 林剑：《文化与文明之辨》，《学术研究》2012 年第 3 期。

齐全，动植物化石丰富，对研究生物地层学、地史学具有重要意义，是我国南方早期建立的标准剖面所在地，也是国际地质科学联合会建立的寒武系、前寒武系标准剖面比较地点之一。三峡地区出露齐全的地层，复杂的地质构造，标准的地质剖面，雄、险、奇、秀的地质、地貌景观，是大自然留给我们的宝贵遗产。

巫溪县宁厂古镇

从时间范围来看，以三峡工程的建设为时间节点，研究者一般将1992年《关于兴建长江三峡工程的决议》通过前的时段统称为"前三峡时代"。"前三峡时代"是三峡历史文化资源产生并基本定型的重要阶段，代表性的三峡历史文化资源多产生于此段时间，此期也形成了相对稳定的艺术风格和资源风貌，这是本书探讨的"三峡文化"主要的时间段。"三峡工程时代"则指三峡工程从1992年到2010年（国家出台《三峡工程后续工作总体规划》前）的十余年建设期。"后三峡时代"一般是指三峡工程建设结束后的时段。2010年，国家出台《三峡工程后续工作总体规划》，明确今后的工作重心是移民安置和环境保护，以及复建区、重建区、消落区的文化发展。本书讨论的主题是三峡地区文物、文化与中华文明的关系，时间可溯源至史前时代，绝对时间范围大致为公元前10000—公元1992年，考古发现的年代分布大致为新石器时代早期一直延续至今。

从地理空间范围来看，三峡位于长江上游段尾端，地处大巴山断褶带、川东断褶带和川鄂湘黔隆起褶皱带三个构造单元的交会处，含重庆市大部和湖北省西部，其东南、东北与鄂西交界，西南与川黔相邻，西北与川陕相接。其也有"长江三峡"之称，目前对于这一地域概念有以下几种不同的理解。狭义的长江三峡是瞿塘峡、巫峡、西陵峡三段峡谷的总称，西起重庆奉节的白帝城，东至湖北宜昌的南津关，全长约200公里。这一概念是三峡最初的指称，由于长江三峡的旅游业很发达，故其成为公众最为熟悉的有关长江三峡的概念。

广义的"长江三峡"是指三峡大坝工程完工以后175米水位线所波及的宜昌至重庆长江干流及其支流所辐射的沿岸高山丘陵地区，这一概念因三峡工程的巨大影响力，而逐渐被公众所接受。

此外，中国科学院黄万波先生又进一步提出了"大三峡"的概念，所谓"大三峡"是指以狭义的长江三峡为核心地段的大部分长江流域，包括南京到重庆的长江干流及其支流所辐射的地区。前两种概念基本上可以同这一地区的地貌相吻合，区别在于狭义的三峡地区包含了更多的自然内涵和旅游意义，而广义的三峡地区则更多地融入了社会因素。

关于地域文化的研究往往没有明确的边界，文化辐射与传播的范围总是处于动态变化中。因此，本书特将研究的空间范围定位在三峡地区重庆段①，即分布于峡江沿线的重庆市 22 个区、县的全部行政区域范围，其中包括重庆市巫山县、巫溪县、奉节县、云阳县、开州区、万州区、忠县、涪陵区、丰都县、武隆区、石柱土家族自治县、长寿区、渝中区、北碚区、沙坪坝区、南岸区、九龙坡区、大渡口区、江北区、渝北区、巴南区、江津区；研究重点关注的是三峡文物遗存特色鲜明、数量较多的 8 个重点区县，分别为重庆市巫山县、巫溪县、奉节县、云阳县、开州区、涪陵区、丰都县、长寿区。

① 作为对比和观照，同时出于完整性的考虑，在讨论中会涉及对三峡地区湖北段文物及文化的简要描述，但研究的重点还是三峡地区重庆段文物及文化。

三峡地区位于长江上游段尾端，含重庆市大部和湖北省西部，东南、东北与鄂西交界，西南与川黔相邻，西北与川陕相接，面积约 5.8 万平方公里。三峡地区的文物涵盖面广、研究价值高，如有代表性的虎钮錞于、鸟形尊、景云碑、粉青凤耳瓶、蟠螭纹提梁壶等珍贵文物。此外，"小田溪文化""中坝文化"等新的考古学文化的发现，填补了三峡地区文化的许多阶段性空白，有助于廓清三峡地区考古学文化的基本面貌并完善三峡地区考古学文化序列。

对三峡文物及其价值的研究可以凸显三峡地区文化的特异性，通过对比同类文物、不同时代文物的阶段性特征并分析三峡地区所特有的文物标志及其意义，可以为三峡文物所代表的时代文明、地域文化呈现多角度、多学科的思考。

第一章　三峡文物的分类与分布

为深刻贯彻落实习近平新时代中国特色社会主义思想，三峡地区文物保护的相关部门及各单位认真学习和研读了习近平总书记关于保护、传承、弘扬长江文化的重要论述和指示批示精神，以保护、传承、弘扬长江文化为使命，以"高水平推进三峡文物保护利用，高起点推动三峡特色文化建设，高站位助力三峡地区高质量发展"为指导思想，坚持"保护第一，有效利用""价值主导，古今结合""创新驱动，开放共享""统筹谋划，融合发展"等基本原则①，推动三峡地区的文物保护与利用取得了一定的成果。

但是，当前三峡地区文物保护利用的系统性和协同性不够突出，研究阐释不足，展览展示体系尚未成形，活化利用形式单一，文物保护利用与文化旅游、乡村振兴、新型城镇化建设等融合发展程度有待提升，文物保护成果创造性转化和创新性发展成效还不显著，尚不能有效支撑长江文化的保护、传承与弘扬。② 在成功实现第一个百年奋斗

---

① 国家文物局，文化和旅游部，国家发展改革委，自然资源部，水利部，重庆市人民政府，湖北省人民政府：《三峡文物保护利用专项规划》，2023 年 4 月 20 日。
② 国家文物局，文化和旅游部，国家发展改革委，自然资源部，水利部，重庆市人民政府，湖北省人民政府：《三峡文物保护利用专项规划》，2023 年 4 月 20 日。

目标、全面建成小康社会后，人民对精神文化生活提出了新的更高要求，文物保护与利用工作在增强文化自信中的地位和作用显得更加重要。在向着第二个百年奋斗目标迈进的新征程上，必须进一步增强系统观念，加强统筹谋划，加快改革创新，持续协调推进三峡地区的文物保护与利用，传承弘扬三峡文化，助力长江经济带高质量发展。下文具体论述当前三峡地区文物的情况。

第一节　三峡文物的分类

文物是人类社会生活中遗留下来的具有历史、艺术、科学价值的遗物和遗迹。也可以说，它是历史上物质文化和精神文化的遗存，是重要的文化遗产。文物可分为不可移动文物和可移动文物两大类别。《中华人民共和国文物保护法》第三条规定："古文化遗址、古墓葬、古建筑、石窟寺、石刻、壁画、近代现代重要史迹和代表性建筑等不可移动文物，根据它们的历史、艺术、科学价值，可以分别确定为全国重点文物保护单位，省级文物保护单位，市、县级文物保护单位。历史上各时代重要实物、艺术品、文献、手稿、图书资料、代表性实物等可移动文物，分为珍贵文物和一般文物；珍贵文物分为一级文物、二级文物、三级文物。"

三峡地区的文物资源丰富、涵盖面广、研究价值高，截至 2022 年，三峡地区共有不可移动文物 16601 处，包括全国重点文物保护单位 58 处，省级文物保护单位 282 处，市、县级文物保护单位 1498 处；可移动文物 544799 件/套，包括一级文物 1018 件/套、二级文物 2566 件/套、三级文物 27486 件/套，珍贵标本、化石 2789 件/套；历史文化名城、名镇、街区、村落 108 处，包括国家级历史文化名城 1 个、历史文化名镇 14 个、历史文化名村 1 个、省级历史文化名城 1 个、历史文化名镇 16 个、历史文化名村 16 个，国家级历史文化街区 1 个，省级历史文化街区 9 个，中国传统村落 36 个、省级传统村落 13 个。具体数据如表 1－1 所示。

表 1－1　三峡地区重要文物一览

类型	子类型	数量	单位
不可移动文物	全国重点文物保护单位	58	处
	省级文物保护单位	282	处
	市、县级文物保护单位	1498	处
可移动文物	一级文物	1018	件/套
	二级文物	2566	件/套
	三级文物	27486	件/套
	珍贵标本、化石	2789	件/套
历史文化名城、名镇、街区、村落	国家级历史文化名城	1	个
	国家级历史文化名镇	14	个
	国家级历史文化名村	1	个
	省级历史文化名城	1	个
	省级历史文化名镇	16	个
	省级历史文化名村	16	个
	国家级历史文化街区	1	个
	省级历史文化街区	9	个
	中国传统村落	36	个
	省级传统村落	13	个

注：参见《三峡文物保护利用专项规划》。

第二节　三峡文物的空间分布

三峡地区核心文物资源主要分布峡江沿线地区，尤其集中分布在重庆市的巫山县、巫溪县、奉节县、云阳县、开州区、涪陵区、丰都县、长寿区，此外，重庆市的北碚区、万州区、巴南区、渝北区和湖北省的宜昌市夷陵区、兴山县等地也有不少核心文物分布。总的来说，其分布范围覆盖了三峡地区重庆段和湖北段的 26 个区、县的全部行政区域，包括重庆市巫山县、巫溪县、奉节县、云阳县、开州区、万州区、忠县、涪陵区、丰都县、武隆区、石柱土家族自治县、长寿区、渝中区、北碚区、沙坪坝区、南岸区、九龙坡区、大渡口区、江北区、渝北区、巴南区、江津区，湖北省恩施土家族苗族自治州巴东县和宜昌市夷陵区、秭归县、兴山县。

三峡地区不可移动文物和可移动文物数量众多，分布广泛，三峡地区重庆段和湖北段的 26 个区、县内均存在一定数量的不可移动文物和可移动文物。其中，三峡地区重庆段不可移动文物集中分布在重庆市巴南区、涪陵区、巫山县、开州区四地，具体情况如表 1－2 所示。

表 1－2　三峡地区重庆段不可移动文物空间分布一览

文物分布空间	数量/处	占比
巴南区	4179	12.44%
涪陵区	3682	10.96%
巫山县	3661	10.90%
开州区	3620	10.78%
江津区	3286	9.78%

文物分布空间	数量/处	占比
万州区	2101	6.25％
武隆区	2080	6.19％
忠县	1977	5.89％
云阳县	1214	3.61％
丰都县	1079	3.21％
奉节县	875	2.60％
石柱土家族自治县	855	2.55％
巫溪县	819	2.44％
高新区	708	2.11％
长寿区	620	1.85％
南岸区	532	1.58％
渝北区	530	1.58％
渝中区	344	1.02％
江北区	325	0.97％
九龙坡区	312	0.93％
沙坪坝区	285	0.85％
北碚区	268	0.80％
大渡口区	178	0.53％
两江新区	63	0.19％

注：表中数据由重庆市文化遗产研究院提供，统计时间截至 2022 年 12 月 31 日。

三峡地区重庆段可移动文物数量远多于不可移动文物数量，其空间分布特点因自身的可移动性而与不可移动文物有所不同，具体情况如表 1-3 所示。

表 1-3 三峡地区重庆段可移动文物空间分布一览

文物分布空间	数量/件	占比
重庆中国三峡博物馆	291876	25.79%
北碚区图书馆	102968	9.10%
重庆自然博物馆	101014	8.93%
万州区	94588	8.36%
西南大学	75288	6.65%
重庆市文化遗产研究院	64572	5.71%
巫山县	58292	5.15%
云阳县	42891	3.79%
红岩革命历史博物馆	41883	3.70%
涪陵区	40151	3.55%
忠县	36735	3.25%
江津区	34813	3.08%
奉节县	23722	2.10%
长寿区	23649	2.09%
渝北区	18514	1.64%
丰都县	17607	1.56%
开州区	10020	0.89%
巴南区图书馆	8046	0.71%
石柱土家族自治县	7527	0.67%
南岸区	7356	0.65%
巫溪县	6520	0.58%
九龙坡区	4706	0.42%
巴南区文化遗产保护中心	4506	0.40%
渝中区	4347	0.38%
武隆区	4140	0.37%
大渡口区	2277	0.20%
重庆工业博物馆	1436	0.13%

文物分布空间	数量/件	占比
沙坪坝区	1419	0.13%
江北区	750	0.07%
高新区	1	近似于零

注：表中数据由重庆市文化遗产研究院提供，统计时间截至 2022 年 12 月 31 日。

此外，三峡地区已公布历史文化名城、名镇、街区、村落 108 处。其中，国家级历史文化名城 1 个、历史文化名镇 14 个、历史文化名村 1 个，省级历史文化名城 1 个、历史文化名镇 16 个、历史文化名村 16 个，国家级历史文化街区 1 个、省级历史文化街区 9 个，中国传统村落 36 个、省级传统村落 13 个。

第三节　三峡文物的时间分布

三峡地区的文化遗存和文物资源十分丰富且时间跨度大，出土文物的时代可溯源至旧石器时代。总的来说，其时间分布大致可分为以下五个时期：旧石器时代、新石器时代、夏商周时期、秦汉至六朝时期、唐宋及其后时期。三峡地区各时期都有价值珍贵、意义重大的文化遗存。其核心文化遗存出土情况如表 1-4 所示。

表 1-4　三峡地区各时期核心文化遗存出土情况

时期	类型	数量	单位
旧石器时代	遗存	69	处
新石器时代	遗址	40 余	处
夏商周	遗存	100	处

时期	类型	数量	单位
秦汉至六朝	文物	稀少	件
唐宋及其后	文物	较多	件

注：表中数据由重庆市文化遗产研究院提供，统计时间截至 2022 年
12 月 31 日。

旧石器时代及新石器时代，三峡地区的文化遗址主要
有楠木园遗址、柳林溪遗址、大溪遗址等。这些文化遗址
可供研究的方面比较类似，主要包括遗址分布、房址及出
土器物的情况以及葬式、葬俗和居民的生活场景等。

夏商周时期的文化遗址主要有白庙遗址、毛溪套遗址、
中堡岛遗址、路家河遗址、周梁玉桥遗址等。春秋战国时
期的楚文化特点也可从三峡地区发掘的文化遗址中窥见一
斑，并且可以看到文献记载与考古学的研究结论基本相符。
另外，此期三峡地区的悬棺葬也极具特色，它盛行于战国
秦汉时期并延续了很长的时间。

唐宋时期典型的文化遗址是巴东旧县坪遗址。2001 年
春开始的巴东旧县坪遗址抢救性发掘，是全国第一次对单
个县城遗址进行的全面发掘，这次发现被评为"2002 年全
国十大考古发现"之一。从巴东旧县坪遗址的发掘中，可
以清晰地看到宋代巴东县城的建筑布局，而其布局以及出
土器物能在一定程度上反映出宋代巴东县城的社会经济
状况。

第四节 三峡地区文物保护与利用的
成果与不足

一、有关成果

根据《三峡文物保护利用专项规划》，三峡工程建设期间，开展了我国迄今为止规模最大的文物抢救保护行动，实施地面、地下文物保护项目 1128 项，出土文物 20.7 万余件/套，大量地下文物得到有效抢救、保护，基本构建起三峡地区历史文化发展脉络；完成 364 项地面文物迁建和修复工程；新建、改建、扩建博物馆 34 座，其中国家一级博物馆 3 座，建成世界上第一个水下遗址博物馆（白鹤梁水下博物馆），博物馆建设水平在全国居于前列；文博机构队伍得到壮大，县级文物管理机构覆盖率达 100%；文物考古研究取得重要成果，累计出版 91 部考古报告和研究专著。[①]

"后三峡"时代文物保护工作启动以来（2011—2023年），实施 207 项文化遗产保护项目，消落区考古发掘、可移动文物保护修复、文物保护利用、文化生态保护区和展示场馆建设及三峡历史文化展示等工作取得新的进展；出土文物 3.4 万余件/套；建成三峡文物科技保护基地、三峡数字博物馆、三峡文物修复中心，进一步提升三峡文物科技保护能力和水平；累计开放不可移动文物 524 处，已有

[①] 国家文物局，文化和旅游部，国家发展改革委，自然资源部，水利部，重庆市人民政府，湖北省人民政府：《三峡文物保护利用专项规划》，2023 年 4 月 20 日。

65 处不可移动文物所在地被评为 3A 级以上旅游景区。①

此外，重庆市从完善文物的保护管理体系出发，制定了《重庆市实施〈中华人民共和国文物保护法〉办法》等多项地方法规，落实了文物安全责任制，加强了文物安全联合执法，完善了文物保护单位安全防护设施，构筑起文物安全防护体系。同时加强打造三峡文物保护的专业力量，现有各级各类文物保护管理机构和国有文物收藏单位 128 家（含宜昌博物馆、湖北省博物馆和湖北省文物考古研究所等 3 家与三峡文物保护利用关系密切的库区外单位），其中文物系统单位 34 家（合署办公按 1 家统计），含省级机构 6 家、市级机构 1 家、区县机构 27 家，人员编制总数 1261 名，实有 1112 人。②

在三峡文物的活化利用方面，相关部门构建三峡文化遗产科技保护体系，建成三峡文物科技保护基地，三峡数字博物馆等文物交流、展示基地，促进文物的公共传播与公共服务；其中，新建、改建、扩建区县级博物馆共 33 家，三峡地区国有文物收藏单位现有场馆面积 391270 平方米、展厅面积 158455 平方米。2018—2020 年共举办基本陈列 123 个、临时展览 276 个，展品 43081 件/套，其中多数与三峡文化主题相关，展出三峡出土文物 10291 件，接待参观人数 5884.62 万人次。③ 同时，在三峡文物的价值研究与阐释方面，编制了多本有关三峡工程文物保护项目的报告，

① 国家文物局，文化和旅游部，国家发展改革委，自然资源部，水利部，重庆市人民政府，湖北省人民政府：《三峡文物保护利用专项规划》，2023 年 4 月 20 日。

② 国家文物局考古研究中心：《三峡库区历史文化遗产资源专题调查报告》，2021 年 9 月。

③ 国家文物局考古研究中心：《三峡库区历史文化遗产资源专题调查报告》，2021 年 9 月。

开展了多个研究课题项目，同时也举办了各类学术和文化活动，最大限度普及和利用文物保护成果。2018—2020 年，开展各类研究课题项目 102 个（其中省部级以上 54 个），出版各类图书 184 部、音像制品 49 种，举办学术活动 281 次、各类文化活动 39912 次。① 此外，相关部门积极将三峡文物保护利用项目与文化旅游项目进行融合，先后实施保护展示利用项目 399 项，累计开放不可移动文物 524 处，年均接待游客超 590 万人次。2018—2020 年，有 13 家单位设立文创商店，开发文创产品 183 类 2228 种，其中重庆中国三峡博物馆、巫山博物馆、云阳博物馆 3 家单位文创产品营业额合计超 2000 万元。②

此外，《三峡文物保护利用专项规划》还确立了"到 2025 年，文物保护单位'两线'和不可移动文物保护管理的要求纳入各级国土空间规划。深入开展三峡地区考古工作，出土文物修复力度进一步加大，完成 44 部考古报告出版。重要文物实现整体保护和有效利用，县级及以下文物大的险情基本排除，文物展示活化利用途径进一步拓展。三峡文物有效支撑三峡考古遗址公园、石窟寺国家遗址公园、长江国家文化公园、长征国家文化公园建设和长江三峡文物保护利用示范区创建。到 2035 年，三峡地区文物保护管理水平全面提升，建立文物可持续保护利用机制，文物和旅游深度融合，与生态文明建设协调发展，文物文化传播力和影响力不断增强，文物保护利用全面融入经济社

---

① 国家文物局考古研究中心：《三峡库区历史文化遗产资源专题调查报告》，2021 年 9 月。
② 国家文物局考古研究中心：《三峡库区历史文化遗产资源专题调查报告》，2021 年 9 月。

会发展"的发展目标。①

总体而言，在相关部门及各单位的努力下，三峡文物的保护和利用工作得到了充分的重视，保护管理体系进一步健全，保护成果较为丰硕，活化利用水平有所提升。

在三峡文物保护过程中，相关部门不仅妥善保护了文物，还将三峡文物最大限度地向社会开放，以文化资源构建了供普罗大众观赏休闲的文化平台，让文物保护与旅游融合发展，让文物保护的成果惠及民生。同时在文物保护利用的项目实施中采用了先进的技术手段和方法，如被称为"世界第一古代水文站"的白鹤梁题刻，采用"无压容器"技术实现了水下原址保护，是世界上在水深40余米处建立遗址类水下博物馆的首次尝试，为水下文化遗产的原址保护提供了范例。此外，在不可移动文物的保护中，积极创新，因地制宜，制订合理方案，成效显著，如石宝寨的原址保护、桓侯庙的搬迁保护等规模宏大的地面文物保护搬迁工程都圆满完成，充分体现了三峡文物保护工作的科学性和灵活性。

二、一些不足

三峡地区的文物保护与利用工作涉及重庆市和湖北省的 26 个区、县的全部行政区域，所包含的不可移动文物和可移动文物数量庞大、可挖掘的文物价值高，虽然目前已经取得了一定的成果，但在文物保护、文物的价值挖掘、专业人才的引进等方面仍存在不足之处。

---

① 国家文物局，文化和旅游部，国家发展改革委，自然资源部，水利部，重庆市人民政府，湖北省人民政府：《三峡文物保护利用专项规划》，2023 年 4 月 20 日。

1. 文物保护还需加强

根据《三峡库区历史文化遗产资源专题调查报告》，三峡地区仍有大量文物需要抢救性保护和修复，不可移动文物中，保存好和保存较好的不到总量的 20％，保存较差和保存差的约占总量的 28％。可移动文物中，部分损蚀、需要修复的占比为 26.55％；腐蚀损毁严重、急需修复的占比为 3.19％；三峡地区重庆段需要修复的可移动文物达148409 件/套，湖北段需要修复 13652 件/套。① 部分区县在文物保护方面存在盲目性和破坏性，一些民间自发打造的传统乡村旅游项目对某些属于私人所有的历史文物具有很大的破坏性，例如对古建筑进行私自改造、扩建等，究其原因还是保护力度不够、保护意识不强。

同时，相关单位的保护设施亟待更新和扩建，许多地区的文物库房面积不足，导致出现文物密集堆放、无法分类存放等问题；文物保护设备较为简陋，难以为文物保护提供合适的温度和湿度条件，使文物的存放保护存在一定的隐患。例如，夔州博物馆展陈空间不足，众多出土文物堆积在藏品室无法展出。

三峡文物的保护和修复是挖掘三峡文物价值、促进三峡文物活化与利用的基础，只有更快、更好地修复受损文物，清晰梳理三峡文物的发展脉络，才能为各类专业人才挖掘三峡文物价值、促进三峡文物活化与利用提供更充分的材料，才能进一步推动三峡文物的推广和传播。

2. 文物展示创新度不够

文物的价值不仅要在研究中实现，也要在公共服务中

① 国家文物局考古研究中心：《三峡库区历史文化遗产资源专题调查报告》，2021 年 9 月。

实现。目前重庆中国三峡博物馆采用的"总—分"馆制具有一定的成效，在带动各地经济发展方面具有一定的贡献。例如，重庆市开州区文旅委和重庆中国三峡博物馆签订了合作方案，保证了当地有价值的出土文物能够得到有效及时的鉴定和修复。

但在部分地区博物馆的馆藏文物中，同类型、同质地的器物多，大量供研究的出土文物标本（非完整器物）不适宜展出，富于观赏性且适宜博物馆展陈的精美文物数量少，因而存在藏品展出率低、呈现方式单一等问题，导致展出效果不佳。

此外，各地方政府对文物保护与利用的投入有差异，部分博物馆还存在展陈设备老旧、展柜玻璃材质不达标、展柜内温湿度条件不达标、展柜内生物病害严重、展厅及展柜采光设计不合理、展厅及展柜有害气体浓度超标等问题。①

在智慧博物馆、数字博物馆、"互联网＋展览"设计与打造，文创产品开发，以及学术文化活动组织等方面，多数博物馆还处于起步阶段，在如何激发公众更深入地认识和了解三峡文物，以及如何提高相关兴趣方面还需要进行更多的思考与探索实践。

博物馆是文物保护与利用工作面向公众的一个重要窗口，博物馆藏品的展出方式应紧随科技的进步而更新。时代变化导致公众获取知识的方式有所改变，仅以传统布展的方式呈现藏品，不仅趣味性和吸引度不够，而且对文物价值的宣传和推广也不够，这会使文物不能充分发挥其应

---

① 国家文物局考古研究中心：《三峡库区历史文化遗产资源专题调查报告》，2021年9月。

有的社会作用，从而影响到公众对文物多方面价值的认识和系统利用。

注：重庆市文物考古研究院供图。

重庆中国三峡博物馆全景

3. 文物价值挖掘不够

三峡文物的价值挖掘是充分活化和利用三峡文物、加强本地民众自信心、推动当地经济发展的重要手段，只有从学理及理论上确立三峡文物的价值定位，明确其在中华文明、世界文明史上所处的位置，才能更好地指导三峡文物的活化工作。

在现有文物的基础上，文物的价值挖掘及专题研究工作还没有全面铺开，对文物的研究不够透彻、系统性不强，在对同类文物的系统性梳理与对比、不同时代文物的阶段性特征、三峡地区特有文物的标志与意义等方面的研究缺乏深度挖掘，对文物背后所反映的时代文明及地域文化的研究缺少多角度、多学科的探讨与考察。如重庆市开州区的抗蒙遗址一直未得到适当的关注，从历史文化角度而言，此处抗蒙遗址的深入研究对当地与周边多个区县达成大遗址联合建设有重要的意义。又如重庆市开州区的余家坝遗址是三峡地区十项重要考古发现之一，但当地政府对该遗址价值的探索和研究还不到位，对当地"温泉古镇"和"川东盐场"等称号的价值发掘也不够，这在一定程度上影响了开州地区文化旅游业的开发，使相关文化遗存未能对当地的社会经济等起到促进作用。

此外，在策划研究挖掘文物及其文化内涵的同时，对于文物价值中涉及传统文化的部分，不仅要挖掘到位，还要以当代恰当的价值观进行解读。如丰都鬼城中的"鬼文化"，不宜以封建思想观念进行解读，而应该在充分解释当地文化内涵的基础上，从"惩恶扬善""劝人向善"的角度来阐释"鬼文化"，摒弃传统思想观念中的糟粕部分。

同时，要推动当地文旅业的发展、促进三峡文物的保护和利用，对非物质文化遗产的价值发掘也不应忽视。如重庆市开州区的"上九登高"是市级非物质文化遗产保护项目，这一项民俗活动具有极高的推广价值，是渝东北地区的特色民俗。开州地区盛行在正月初九登高，与广大地区的九月初九登高在文化内涵上有较大区别，但目前对"上九登高"的价值挖掘还不够。总之，对此类非物质文化遗产的研究和探索不够深入，研究范围也未铺开，研究者们对此了解甚少，应该通过宣传和推广非物质文化遗产活动来获得社会各界的关注，包括提高各学科门类的研究学者对其的兴趣和重视，亟待建成专门研究本地文化的机构、组织，把文物价值认知做到位，为充分活化与利用文物做好准备。

最后，保护和利用文物的前提是认知、了解文物的价值，这一环节不仅要拓展到专家学者、党政干部、当地居民，还要尽可能辐射到社会公众。因此对文物价值的研究与传播也是不容忽视的一项重要工作。目前，由地方区、县政府编著出版的与文物相关的研究成果比较陈旧，而且其形式多为图册，缺少系统且深入的调查研究内容，各地文物单位应该更好地梳理当地文物遗存，标明其类别和文化价值，理清可开发的文物与有关文化及文明的关系。

4. 文物活化的思路亟待调整

首先，应该重视"人镇融合"。在多个已复建完成的文物迁建区，还普遍存在只重视本体保护而忽视了合理有效利用资源、进一步改善环境、完善配套设施等方面的问题。例如，大昌古镇整体搬迁工程虽已完成物质形态搬迁工作，成为当地旅游链中的一环，但人镇融合生态构建尚待完善，古镇中的人文气息不够，导致文物活化的活力不够，吸引力不高。而同样作为整体搬迁成果的丰都小官山古建筑群承办了2017—2019年的3次丰都庙会，实现了对外开放，期间接待了18万人，在一定意义上实现了"人文景观"的塑造，但开放过程中"人"的因素还是不够，应继续往这一方面深入探索。

其次，特色馆藏文物具有很高的文创开发价值，如巫山博物馆的陶俑、鎏金铜饰等，但目前针对此类极具特色的文物的文创开发力度不够，相关部门也不够重视。同时在已开发的文创产品中，多数仍停留在"完成型"文创产品，如定制丝巾、笔记本等，应该注重转向开发"参与型"文创产品，提高游客的参与度。

最后，对非物质文化遗产和当地知名的名人故居、纪念馆的活化工作还不够到位。如重庆市开州区的刘伯承同志纪念馆和刘伯承故居的展厅设计和文物还原设计比较传统，同质化严重。其虽得到了刘伯承同志亲属的极大支持，获得了数百件刘伯承同志的旧物，但对与刘伯承同志相关文物的研究工作还不够系统和深入，这会影响刘伯承故居和刘伯承同志纪念馆的对外开放。

5. 专业人才队伍的引进、培养不够

首先，人员编制不足现象较为普遍，三峡地区的 26 个区、县中有 12 家文物保护机构的在编人员不足 10 名。基层工作人员需要身兼数职，不仅要负责日常的文物保护工作，还要兼任项目管理、宣传展示、讲解服务等其他工作，文物保护力量不够集中，有顾此失彼的隐患。

其次，专业人员严重缺乏，拥有高级职称的在编人员占比较低。截至 2021 年，三峡地区重庆段 22 家区、县级文物保护机构有在编人员 346 人，其中专业人员 202 人，拥有高级职称的仅 39 人。[①] 在编人员的专业特点也不够突出，多数工作人员并非来自历史学、考古学专业，只能依靠"传、帮、带"的方式在工作中学习相关的知识，人才培养的效率较低，专业性不够。如丰都县的文管所现有的在编人员只有 6 人，职称等级普遍偏低，却要从事全县的地面、地上文物保护工作，加之他们基本上是从其他部门引入的，大都只能靠边干边学积累经验，这导致文物价值开发工作的效率不高。

最后，人力配备"年轻化"不足。在文物保护的过程中，无法避免野外作业，但现有人员年龄偏大，往往体力难以跟上。同时文物的活化利用工作也要求有年轻化的思维，才能结合当下的潮流，取得更好效果。

---

① 国家文物局考古研究中心：《三峡库区历史文化遗产资源专题调查报告》，2021 年 9 月。

6. 资金规划合理性不够

一是资金的投入存在较大缺口。多地文物部门出现因资金不足而在文物保护与利用工作上心有余而力不足的现象，如重庆市武隆区、长寿区财政预算仅能维持日常文物安全管理，无法满足文物保护需求；石柱县缺少革命文物专项资金；丰都县无文物库房专项经费，配置的恒温恒湿设备不能长期开启，无法确保文物恒温恒湿的保管条件等。[①]

二是资金投入不够均衡。由于三峡地区各区、县的经济发展水平有差异，而地方文物保护工作多以当地政府的拨款为主要资金来源，因而各地文物保护的工作专项资金投入存在较大差异。同时社会力量的参与度不够、关注度不够，导致通过社会渠道筹措的文物保护利用资金不够。

三是各地文物部门对上级部门的专项拨款存在一定心理依赖，对本地文物保护与利用的思考不够，发展的积极性不够高。经济基础决定上层建筑，文物保护和利用的资金规划合理性不仅体现在"有多少"，更应该考虑的是"如何花"，如何合理利用有限的资金，以达到资金利用的最大化，从而获得最佳的文物保护利用效果。

7. 规划工作存在不足

根据《三峡库区历史文化遗产资源专题调查报告》，三峡地区58处全国重点文物保护单位，只有29处编制了保护规划，县级文物保护单位"四有"工作普遍不到位。[②] 例如，巫溪县文物保护单位的前期相关规划未明确文物利用

① 国家文物局考古研究中心：《三峡库区历史文化遗产资源专题调查报告》，2021年9月。
② 国家文物局考古研究中心：《三峡库区历史文化遗产资源专题调查报告》，2021年9月。

的定位，在本地旅游业的发展上缺少清晰的规划，整体上较依赖上级部门的指导与帮扶。文物保护与利用的规划工作应与旅游开发规划工作结合起来，形成合力。笔者团队整理了三峡地区重庆段部分旅游资源情况，具体信息如表1-5所示。

文物保护与利用的规划工作没有融入各地政府的"十四五"规划当中，没有得到相关部门更充分的重视，如重庆市开州区在"十四五"期间规划的多个项目，包括打造博物馆等工作没有进入市级层面的规划中，造成项目的实施推进效率不高。同时，各地文物保护单位也要提高积极性，只有各地文物保护单位因地制宜确定好文物保护与利用的方向，做好规划，才能循序渐进，找到本地文物资源的独特性和不可替代性，更好地进行文物活化与传播工作，为本地经济社会的发展添砖加瓦。

此外，在文物保护与利用的规划中应该明确土地权和产权的责任划分范围。例如，在丰都小官山古建筑群的利用上，有部分文物的产权属于私人，执行起来有很大难度，而古建筑类文物年久失修的情况比较普遍，整体形势不容乐观；而在巫山县大昌古镇保护工程中，其实施整体搬迁后产权、使用权的划分虽然很明晰，但原有的住户多已流失，新的大昌古镇缺少"人气"，这在文物保护和利用的规划中应该提前预设应对方案。

表1-5 三峡地区重庆段部分旅游资源一览

区县	景区名称	景区等级	备注
巫山县	巫山小三峡·小小三峡	5A	
巫溪县	大河温泉区		
	宁厂古镇		国家级历史文化名镇

续表

区县	景区名称	景区等级	备注
巫溪县	云台峰		
	巫溪野人谷		
	红池坝国家森林公园		国家级森林公园
	大官山		
	大宁古城		
奉节县	白帝城·瞿塘峡	5A	
	天坑地缝		
	天鹅湖		
	长龙山		
云阳县	张飞庙	4A	国家级文物保护单位
	磐石城龙脊岭文化长廊		
	龙缸国家地质公园	5A	国家级地质公园
	高阳平湖		
	四十八槽森林公园		
	彭氏宗祠		
	南溪平湖		
	陈家溪半岛		
万州区	青龙瀑布群	4A	
	天仙湖		
	铁锋山国家森林公园		国家级森林公园
	天生城		
	悦君山	3A	
	乌龙池森林公园		
开州区	刘伯承同志纪念馆		
	刘伯承故居		国家级文物保护单位
	雪宝山国家森林公园		国家级森林公园
	南山森林公园		

区县	景区名称	景区等级	备注
开州区	温泉古镇		
	天心桥		
	盛山公园		
	汉丰湖滨湖公园		
忠县	石宝寨	4A	
	中国柑橘城（橘海人家）		
	皇华城	4A	
	井沟		
	天池森林公园		
	白公祠	4A	
	东岩古寨		
丰都县	南天湖自然保护区		
	丰都名山	4A	
	丰都古城		
	龙河峡谷溶洞群		
石柱土家族自治县	西沱古镇		国家级历史文化名镇
	千野草场		
	黄水国家森林公园		国家级森林公园
	万寿山	4A	
	枫香坪		
涪陵区	陈氏庄园		
	大裂谷	4A	
	雨台山		
	梨香溪		
	沙溪温泉城		
	武陵山国家森林公园	4A	国家级森林公园
	816 地下核工程遗址	4A	

续表

区县	景区名称	景区等级	备注
武隆区	芙蓉洞	5A	
	芙蓉江		
	天生三桥		
	仙女山国家森林公园	5A	国家级森林公园
	后坪天坑		
	龙水峡地缝		
	四眼坪		
长寿区	长寿湖		
渝北区	龙兴古镇	3A	
	排花洞		
巴南区	云篆山	3A	
江津区	四面山	5A	国家级风景名胜区

第二章 三峡文物演变的历史进程
与阶段性特征

　　三峡地区地形复杂，环境相对闭塞，因而其在历史上遭遇的祸乱较少，能长时间处于一种基本稳定发展的状态之下，也为三峡文物的保存提供了难得的条件。不同时期、不同类型的三峡文物带有不同的烙印，蕴含着不同的时代内涵与特征，记录了三峡地区绵延不断的历史，反映了三峡地区独具特色的风韵。

第一节　起点：旧石器时代，追溯始源

　　三峡地区是探寻人类起源的重点区域，其中旧石器时代遗存有 69 处，出土古人类化石的有 5 处，分别为巫山龙骨坡、雷坪洞、迷宫洞遗址，奉节兴隆洞、草堂镇等遗址。[①] 三峡地区出土的一系列旧石器时代遗存，与早期人类起源、直立人的起源与演化、现代人的起源等古人类学界关注的热点问题密切相关。

　　处于扬子准地台中部的三峡地区，受三叠纪末期印支运

---

① 郝国胜：《二十年：三峡工程重庆库区文物保护总结性研究（1992—2011年）》，科学出版社 2014 年版。

动的影响，发生大规模的海退，由原来的海相沉积演变为陆相沉积，直到最后形成现代的半干旱的内陆盆地沉积。大自然的演化，在三峡地区留下了深深的烙印，这一区域从元古代到新生代间大约八亿年的地质层位，几乎环环相扣且均有出露。我国许多专有地层的名称，即源自三峡地区的发现。在这些地层中，往往拥有丰富的古生物化石，其中仅古脊椎动物化石采集点就发现十余处，大到恐龙、小至鱼鳖，几乎无所不包。这些发现为地壳变迁、环境演化、生物进化以及古气候、古生态等方面的研究，提供了极其珍贵的资料。

三峡地区从远古时代起就是人类生产、生活的大舞台。从全世界的发现看，有关人类起源问题的探索离不开中国的发现。其中，巫山龙骨坡遗址是我国目前发现最古老的人类化石地点，这里出土了1段人属下颌骨和1枚人属上门齿，该人种被定名为直立人巫山亚种，又名"巫山人"。[1]巫山人下颌骨的发现，为三峡地区寻找远古人类遗迹带来新的启示。中国南部一系列古猿化石的露头，表明这一区域应是探索亚洲古猿的重要地区之一。这里还出土了多种哺乳动物化石、有规律埋藏的动物肢骨化石、石制品，遗址地层的古地磁年代距今204万—201万年。

巫山人牙齿化石

重庆三峡及与其相邻的云南禄丰、元谋，湖北建始、

---

[1]　郝国胜：《二十年：三峡工程重庆库区文物保护总结性研究（1992—2011年）》，科学出版社2014年版。

巴东、郧阳等地均发现了古猿或直立人化石。20世纪80年代巫山龙骨坡发现的古猿化石，距今已有200多万年，之后又在三峡地区发现了古人类化石和50余处旧石器时代遗存或古脊椎动物化石采集点。其中，巫山地区出土了1块古人类侧肱骨残片，年代为晚更新世的较早时期，属于智人阶段，这是古人类化石在三峡地区的首次发现。据初步研究，三峡地区已知旧石器文化遗存的年代跨度基本在旧石器时代的中晚期，有些材料还可能带有旧、新石器时代过渡期的特质。这些遗存从堆积类型看，多是以往在南方较少发现的旷野露天型，大部分地点地貌特征明确，地层层位清晰，文化堆积分布面积广、厚度深，文化遗存十分丰富。其中如丰都高家镇、井水湾、烟墩堡和奉节的鱼复浦等遗址，面积之大、堆积之厚、文化遗存之丰富，均为我国南方地区所罕见。

此外，奉节兴隆洞遗址曾出土2枚具有刻画痕迹的剑齿象门齿，是我国早期人类起源与美术发展的实证之一，有助于对原始艺术起源、东亚地区现代人类行为方式的深入研究；它比目前发现的早期人类刻画遗存——南非"布卢姆伯斯洞穴"赭石刻画图案早6万年，比有记载的欧洲刻画艺术早10万年，这说明了三峡地区在人类进化史和艺术起源史上的重要地位。

三峡地区旧石器时代遗存的一系列发现，证明这里是我国古人类研究的重要区域。其广泛分布的第四纪更新世后期以来各时期的地层，普遍包含着古人类遗存和古哺乳动物化石。[1] 三峡地区发现的旧石器时代遗存对于研究中国

---

[1] 郝国胜：《二十年：三峡工程重庆库区文物保护总结性研究（1992—2011年）》，科学出版社2014年版。

南方旧石器时代文化的发展，特别是旧石器时代向新石器时代的过渡，提供了十分有价值的实物，同时也为研究我国南方地区地质历史时期的古气候与古环境变迁提供了丰富的资料。

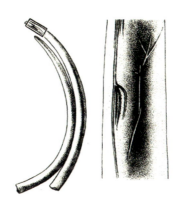

剑齿象门齿刻痕示意图

第二节　进阶：新石器时代，展现独特

三峡地区新石器时代遗址群大体以瞿塘峡为分界而形成了新石器时代两大文化系统的分野。其中巫山大溪遗址发掘是长江流域十分有影响力的史前考古发现，三峡地区重庆段超过 40 处遗址具有峡江西部地区新石器时代晚期文化特征，加之"魏家梁子文化""老关庙下层文化""哨棚嘴一期类型"等文化命名相继提出，使得峡江地区新石器时代文化研究初露曙光。[①] 这反映了我国新石器时代文化可分为面向海洋和面向亚洲腹地这两大文化板块，丰富了关于中华文明的多元起源、中华多民族大家庭的形成与发展

---

① 邹后曦：《重庆考古 60 年》，《四川文物》2009 年第 6 期。

等一系列重大历史课题的认识。① 层出不穷的新发现，连续多年的考古材料积累，测年技术、环境考古等新的技术手段和理论方法的介入，为三峡地区的史前文化序列、古代社会发展脉络、人与环境互动历程的再现提供了可能。

一是证明了新石器时代三峡地区与周边地区有着紧密的联系和密切的交流。例如：承袭发展关系十分明晰的城背溪文化与大溪文化，它们与峡江之外的江汉平原的城背溪文化和大溪文化的文化特征大同小异，与洞庭湖地区的原始文化的关系也十分密切；地处巫峡深处的大溪遗址出土的一部分彩陶及其他文物的特征，表现了其与中原地区仰韶文化的一定联系；而屈家岭文化和石家河文化来源于汉水以东地区，它们流传至三峡地区时仍保留了部分迁出地的文化传统。

二是通过对玉溪坪文化的研究，明确了该地区"以渔猎经济为主，以农业经济为辅"的生业模式，与同时期黄河流域的经济生态有较大区别。

三是建立了一个比较完备的新石器时代文化发展序列，分为玉溪下层文化、玉溪上层遗存、哨棚嘴文化、玉溪坪文化、中坝文化等几个发展阶段。除玉溪下层文化与继起的后续文化缺少延续性外，其余的考古学文化呈延续发展状态，序列相对完整，其间虽然受到邻近地区考古学文化（主要是长江中游的大溪文化和成都平原的宝墩文化）的影响，但始终保留自身特色，一脉相承。②

新石器时代的文化遗址中，奉节鱼复浦遗址具有不可忽视的价值，其中出土了有规律排列的 12 个火塘遗迹和集中分布在烧土堆附近的大量石制品、动物骨骼标本，在遗

---

① 邹后曦：《重庆考古 60 年》，《四川文物》2009 年第 6 期。
② 邹后曦：《重庆考古 60 年》，《四川文物》2009 年第 6 期。

址的下部文化层出土了一些陶片，距今约 8000 年。[①] 这些陶片证明，距今约 8000 年前，三峡地区就有了贮藏用的陶器，三峡先民使用的烹饪方式已经从烧制、火烤等初级烹饪向蒸煮改变。陶器的贮藏功能也体现了当时的居民已向聚落发展，逐渐抛弃了东奔西走、随遇而安的生活模式，向着稳定、落地生根的聚落方式演变。这些发现，是三峡地区早期新石器时代文化探索的重要线索。

此外，大溪遗址的发现与研究对建构三峡地区新石器时代的社会风貌具有不可或缺的作用。大溪文化主要分布在瞿塘峡以东的三峡地区与江汉平原两个区域，其中心分布区应在今江汉平原。新石器文化在重庆地区的分布主要集中在大溪文化阶段，这一时期是大溪文化在重庆地区势力最强的阶段，主要分布在巫山县及其邻近地区。[②] 其中发掘的大量器物坑、动物坑、鱼骨坑，主要反映了大溪人的某种意识或原始宗教观念；这些遗存的发掘也为古人类聚落研究提供了条件。可以看到，峡江地区的大溪文化以渔猎采集经济类型为主，与江汉平原地区稻作农业经济有很大的不同。

同时，大溪文化的彩陶具有很高的艺术价值，自发现以来一直是考古学界关注的重点。它以反映真实的物象、变化繁复的绳纹为主要特征，具有独特的艺术性。大溪文化的彩陶艺术是我国新石器时代艺术的重要表现形式之一，其彩陶纹饰是中国彩陶文化艺术的重要组成部分，丰富了传统艺术的经典图式，因此在现存的原始艺术中，它十分具有代表性。除此之外，大溪彩陶也是最早将造型和彩绘图案相结合的实

---

① 杨晨，谢诗慧：《不起眼的小陶片 透视新石器时代先民生活起居》，中国考古网，http://www. kaogu. cn/cn/kaoguyuandi/kaogusuibi/2016/0802/54887. html.

② 郝国胜：《二十年：三峡工程重庆库区文物保护总结性研究（1992—2011年）》，科学出版社 2014 年版。

用工艺美术品,真实反映了三峡地区远古人类的生活意识形态与文化状态,展示了该地区原始人类对艺术的追求。

巫山大溪彩陶·新石器时代
彩陶罐

巫山大溪彩陶·新石器时代
红陶簋

巫山大溪彩陶·圈足碗

巫山大溪彩陶·陶镂空盘

巫山大溪彩陶·凹沿圈足罐

巫山大溪彩陶·彩陶瓶

　　最重要的是，位于巫山县及周边地区的大溪遗址充分展现了这一地区在新石器时代的交通枢纽和文化中转地作用。一方面，大溪文化的繁荣表明三峡东部地区在这一时期已基本纳入以江汉平原为中心的考古学文化区系，也就是说，今渝东地区与今湖北省中部在当时交流频繁。另一方面，大溪文化的彩陶艺术与中原地区仰韶文化在艺术特征上有很大的相似度，这也表明了今巫山县周边在当时与中原地区有着紧密的联系。巫山县位于长江与大宁河交汇之处，顺长江而下可达江汉平原，溯大宁河而上可达中原地区，由此便不难理解巫山县的交通枢纽作用，而大溪彩陶艺术的丰富与繁荣正好证明了巫山县在当时的重要地位。

第三节　独立：夏商周时期，凸显差异

　　三峡地区早期青铜文化遗存总计达 100 余处，出土文物的文化面貌以巴文化为主，多种文化因素并存，大致体现出三星堆文化→石地坝文化→瓦渣地文化、双堰塘遗存的总体脉络，客观反映了该时期三峡地区古代族群不断迁徙、文化交流十分频繁的走廊文化特征。西周中期至春秋时期，三峡地区的考古学文化大致以瞿塘峡为界，文化面貌呈现出明显的东西差异；东周时期，三峡地区是巴文化（或晚期巴文化）的重要分布区，同时也是巴国、楚国、秦国（尤其是巴、楚两国）竞相争夺的重要区域。

　　巴国的出现为三峡地区历史翻开了崭新的一页。关于巴国的记录最早见于《山海经·海内经》："西南有巴国。大暤生咸鸟，咸鸟生乘厘，乘厘生后照，后照是始为巴人。"其文化大约发端于旧石器时代早期，在大溪文化阶段后逐渐形成特有的巴文化。《辞源》记载，夏朝时这里被称

为"巴方",商朝时巴人参与周武王伐纣,西周初期巴人首领被封为子爵,建国于今陕南的汉水上游,所辖南及大巴山北缘,东至襄阳,春秋时有所扩展,与蜀、楚、邓、庸等国为邻。① 楚国崛起后,巴国开始受到楚国的控制,甚至迫于楚的势力,举国从汉水流域南迁至长江干流,先后在清江、峡江地区立国,最后为秦所灭。巴国形成于公元前11世纪的西周初期,灭亡于公元前316年的战国中期,约有800年历史。②

巴人和巴国为三峡地区留下了丰富的巴文化物质遗产,夏商周时期三峡地区社会生产力得到空前提高。三峡先民在发展本土巴文化的同时,也对西边的蜀文化进行借鉴和融合;夏商周时期也是楚文化快速西进、与巴文化不断融合的一个重要的时期,三峡地区出土的文物便留存有楚文化的印记。

在夏商周时代的三峡文物遗存中,大量文物以巴文化物质遗产的形式留存至今,这些巴文化物质遗产反映了当时巴国的生产力水平、经济来源、哲学思考(生死观念)、审美倾向和社会建构。

就生产力水平而言,青铜时代巴文化最具代表性的遗存为柳叶剑,它剑柄短小,剑身较宽,呈扁茎柳叶形,有中脊,部分柳叶剑中还刻有巴蜀两地通用的图符,这不仅表示在当时巴蜀两地存在极频繁的文化交往,文字、符号可以通用,同时也反映出巴地的生产力水平低于邻国——巴国最大的对手楚国在两周时期典型的武器为楚式长剑,可见楚国铜矿资源更丰富、手工业水平也更高。

---

① 白九江:《巴人寻根:巴人·巴国·巴文化》,重庆出版社2007年版。
② 白九江:《巴人寻根:巴人·巴国·巴文化》,重庆出版社2007年版。

注：重庆市文物考古研究院供图。

巴式柳叶形青铜剑

就经济生活而言，造型极为独特的巴式尖底杯反映了巴人在商品经济上的先进和在卤盐业方面的突出贡献。巴式尖底杯广泛分布在整个三峡地区，它形似羊角或炮弹，乳状突较长，尖底受压歪向一侧，具有强烈的地域色彩。对尖底杯的实际用途众说纷纭、莫衷一是，笔者认为其与三峡地区的制盐业可能有非常紧密的关系：三峡地区是中国岩盐的重要产地，有着丰富的盐卤资源，在《山海经》中很可能就记载了今巫溪县宁厂古镇的宝源山盐泉，《华阳国志·巴志》《汉书·地理志》等古籍也记载了三峡地区具有一定规模的制盐业。巴式尖底杯在同一时期大小和容量比较统一，尤以春秋战国时期的尖底杯数量最多、统一程度最高，且常常出土于制盐的陶模或熬煮成块的盐巴之上，这大概是制盐工艺标准化和优化的结果。可以想见，巴式尖底杯或许曾被广泛用于盐业贸易等交易场景当中——旧时盐块可以充当货币，尖底杯便充当量器；稍晚一些时候川西平原也出现了巴式尖底杯，这也许反映了巴人曾开辟一条贩盐道路，一直通向川西平原。今天我们将"盐"称作"盐巴"，或许正是旁证。而三峡地区常见的地平式房屋遗存中普遍见有制盐所需要的特殊的窖藏、钻土坑、水槽遗迹，兼有灰白色钙化物残留，且聚落多分布于长江干流及支流沿岸地区（交通便利），也从侧面证明此处可能曾形成了相对发达的盐业贸易体系。

注：重庆市文物考古研究院供图。

忠县瓦渣地遗址·西周巴式尖底杯

就巴人的生死观而言，三峡地区出现了船棺葬、土坑墓等墓葬形式。较为典型的巴文化墓葬有大宁河沿岸的悬棺、石棺等崖葬形式，代表着巴人的生死观念多与巫文化相关联。

就巴人的审美倾向而言，这一时期出现了许多在形制上极具艺术性的青铜器物，如战国鸟形尊和虎钮錞于，它们展现出了图腾与造神意识。作为战国后期的巴国象征器，鸟形尊的制作虽然有仿效中原地区礼器制作的痕迹，但其地域特征非常明显，又试图有所创新。作为礼器的鸟形尊反映了巴蜀地区盛行的鸟崇拜，在器形中对多种动物特征进行了组合塑造，体现出一种明确的造神意识，这与中原文化对"龙"的图式构造与图像尊崇如出一辙。同时，鸟形尊是一件珍贵随葬品，出土于涪陵，印证了《华阳国志·巴志》中巴人"先王陵墓多在枳（涪陵）"的记载。而虎钮錞于不仅体现了巴人的审美倾向，还反映了当时巴国的社会建构，它不仅是古代巴人社会中的重要器具，同时也是凝结古代巴人智慧的艺术品，其特殊的纹饰、图像、造型等具有深厚的美学造诣和独特的区系文化特征。虎钮錞于是古代的一种青铜打击乐器，除了具有乐器的基本功能，它还具有其他社会功能，诸如用于祭祀、结盟、征战等方面。在战国以前，虎钮錞于主要用于在军事征战中号令军队进退，同时也用于狩猎生活。虎钮錞于的精神文化内涵蕴藏于各部分图像之中，记录了巴人活动区域的自然状况、巴人的生产生活方式及风俗习惯等，呈现了巴人依峡江而居、渔猎为生、以舟为祀、挽发椎髻等众多内容。

涪陵小田溪墓群·鸟形尊

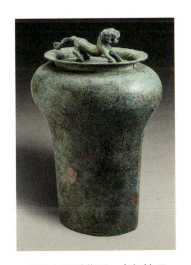

涪陵小田溪墓群·虎钮錞于

虎钮镎于上出现的图案主要是巴人巫、武精神的象征：虎图像中的尚武精神自不待言，而在巴人的精神世界中，虎还象征着勇武的祖先，并起着沟通神人的作用。虎钮镎于上的纹饰与古代神话传说和渔猎巫术礼仪活动有关。鱼纹代表了古代巴人族群以渔猎为主要的生活生产方式，而船形符号则与巴人的军事和祭祀活动有关，可以解读出"灵舟"与"建木"的意义，两者均主要用于巫术中，可以其或其图像为媒介沟通天地、人神以及生死两界。① 钱纹这种完全外来的图像出现在虎钮镎于上，反映出巴人的精神追求已由对巫、武精神的承载转为新的时代信仰，这种信仰包括对财富的追求，对厌胜之术的崇信，以及对升仙彼世的向往。

三峡地区夏商周时期的文物遗存具有极高的研究价值，这一时期的三峡文物不仅本土文化气息浓厚，充分展现了三峡地区在地理气候、信仰风俗、盐矿资源等自然、人文条件综合作用造就下的生产力水平、经济来源、生死观念、审美倾向和社会建构情况，同时也展现了周边地区对三峡本土文化的影响以及彼此之间的交流。

第四节 兼并：秦汉至六朝，融入主流

秦汉至六朝时期，秦灭巴，置巴郡，采取放巴王归巴地，充当"蛮夷君长"统帅各部族的政策，使巴文化在中原文化的渗透下仍得以长期延续。秦至西汉早期，三峡地区考古学文化总体上仍呈现晚期巴文化面貌；及至汉武帝拓边，加强对西南地区的开发，三峡地区的汉文化面貌才

---

① 邹后曦：《重庆考古 60 年》，《四川文物》2009 年第 6 期。

基本确立。从秦代开始，三峡地区便加快了融入华夏文化的步伐，整个三峡地区的秦朝时期的文物十分丰富，城址、聚落址、墓葬以及其他工矿业遗迹等广有发现。[①] 自此时起，三峡地区的本土文化特色不断减弱，中原文化所表现出来的全国统一性特征逐渐加强。

秦国把对西南地区的经略放在十分重要的地位，虽然秦对三峡地区的统治时间比较短暂，但秦文化对这一区域的影响却比较显著，说明了秦统一事业的深远影响。不过，三峡地区集中反映秦文化的遗存数量较少，有关平民阶层日常生活的器物更为少见，表明一些秦文化遗存很可能是关中移民所留下的，虽然少数当地贵族可能接受了部分秦文化，但秦文化并未真正被广大巴人百姓接受。经过汉初的休整，国家经济、生产得到了很快的恢复，三峡地区由于中原文化的进一步传入，在此时进入了一个文化大发展的阶段，及至汉末纷乱，地方割据，三峡地区却基本处于略为稳定的环境之中，社会经济仍能按照正常的进程发展。这不仅体现了中原文化对三峡地区的重要影响，也反映了三峡地区特殊的地理环境为当地带来天险屏障，保证了三峡地区能在一定程度内免受中原战乱的波及。

三峡地区的秦汉至六朝时期文物充分展现了这个时期三峡文化"被兼并"的特点，即逐渐汇入华夏文明的主流，独特性在不断减弱。

例如，在经济产业方面，秦代以前的三峡地区得益于得天独厚的地理优势，以及丰厚的盐业资源，被《山海经》描述为"不绩不经，服也；不稼不穑，食也"，渔猎与采集经济

[①]　郝国胜：《二十年：三峡工程重庆库区文物保护总结性研究（1992—2011年）》，科学出版社2014年版。

始终处于主导地位。及至中原地区大规模进行生产工具的变革之时，三峡地区仍然盛行渔猎经济，该地这一时期大量的食器、酒器、乐器、兵器等文物遗存正反映了其技术水平在当时稍显落后。秦置巴郡之后，秦人带来了先进的生产观念和生产技术，黄河文明的渗透和影响，使得三峡地区的农业生产技术及工具得到了更新和进步，使得三峡地区的经济生产方式产生了较大的调整，逐渐向中原主流的耕作式农业经济体制靠近。

除了农业生产工具得到变革，汉代外邦宗教信仰的传入也给三峡地区带来新的宗教观和哲学观。其中较为突出的是三峡地区的佛教遗存，它的数量和质量甚至超过了本土宗教道教的遗存，可见汉代以后佛教的传入不仅在中原地区产生了重要的影响，在地理相对闭塞的三峡地区也有广泛的影响。其中最具特色的宗教遗物为青铜摇钱树。青铜摇钱树原为早期道教遗物，但在佛教传入后，青铜摇钱树上出现了佛像等佛教代表性形象，充分体现了本土信仰与外邦宗教的结合，这在全国的宗教遗存中是比较罕见的，具有强烈的地域文化特点。其中，在四川绵阳出土的东汉青铜摇钱树树干上的铜佛，是长江流域出土的最早的佛教遗物，而在丰都县镇江镇槽房沟出土的铜佛像，残高 5 厘米，经检测为该摇钱树的一部分，这尊摇钱树见证了丰都古属巴国的历史，还记载了墓主人身份和准确的入葬时间。①青铜摇钱树主要体现了三峡地区的宗教观与以四川盆地为中心的西南钱树文化传统有着密切联系，其表现形态、样式和所寄托的信仰和追求基本一致，说明三峡地区的文化逐渐向以四川盆地为中心的蜀文化靠拢。

---

① 邹后曦：《重庆考古 60 年》，《四川文物》2009 年第 6 期。

在精神崇拜方面，三峡地区也受到了当时中原地区的影响，从原有的对神秘未知的巫鬼文化的崇拜，转变为对真实存在的人物如先贤先烈的崇拜，这在三峡文物中主要表现为传说中的巴蔓子墓、奉节刘备墓等文物的留存，以及当地官民对这些文物的自主保护、崇拜和修缮。三峡地区人杰地灵，名人荟萃，在三国时代更是蜀国重要的交通枢纽，是吴、蜀两国交界处的兵家必争之地，英雄辈出。因而三峡地区历代名人遗迹，作为三峡地区地下文物重要的组成部分，在千百年的历史积淀中见证了三峡人民对英雄的崇拜。对真实存在的英雄的崇拜超越了原来对未知巫鬼的崇拜，这表明了此时三峡人民的精神取向已经向中原社会看齐，反映了秦汉时期中原文化的传入对本土文化造成的重大冲击。

丧葬习俗是当地民众生死观、人生观和世界观的集成体现。这一阶段三峡地区的丧葬制度同样受到中央王朝、中原文化的重要影响，按照死者社会地位及经济条件不同而设立形制和规模的做法已经非常常见。三峡地区汉墓最大的特征表现为由传统的土坑墓、岩坑墓演变为砖、石室墓，同时普遍见有画像砖，它们的形制、风格以及造型特色与现今成都平原出土的汉代画像砖非常相似，其中的画像内容也标

注：重庆市文物考古研究院供图。

巫山麦沱遗址·东汉庖厨俑

志着中原地区的"孝文化"已深入三峡地区。此时的崖葬、船棺葬已经较为少见，表明三峡地区的人们不再热衷于追求与天地、灵巫、鬼神相通，不再渴望灵魂的超脱和飞升，而是"事死如事生"，追求死后的荣耀、名望和对后代的庇佑，追求对现世富贵生活的延续。

在艺术审美方面，三峡地区出土的这个时期的陶俑风格与中原地区的陶俑大相径庭，与四川地区的陶俑风格较为一致，突出体现为人物身材匀称、神态微笑灵动、形态柔和圆润。除此之外，三峡地区的东汉陶俑还具有清晰的地域特色，如巫山县博物馆的"庖厨俑"可清晰看到其砧板上摆放的是一条待剖的、完整的鱼，这与巫山地区自古以来以渔猎为生的社会生态是非常一致的。

同时，三峡地区这个时期的陶俑还出现了陶制镇墓兽，这在其他地方是比较少见的，清晰地呈现出楚式艺术对这里的影响。镇墓兽一般认为是楚国所独有的一种木雕髹漆的随葬品，被看作古代山神的造像或镇墓辟邪的神，它有两种形态，或极度夸张、变形，形象怪异诡谲，或秀丽美观，兽头口吐长舌，头顶鹿角。[①] 楚人历来有骑龙乘凤升天的说法，因而镇墓兽被当作龙的变体，因此楚式镇墓兽大多气势恢宏、造型较大；而三峡地区的镇墓兽均为陶制，形制一般较小，虽

注：重庆市文物考古研究院供图。

丰都冉家路口墓群河湾墓地·陶镇墓兽

---

① 胡玉康：《战国秦汉漆器艺术》，陕西人民美术出版社 2003 年版。

然同为口吐长舌的怪兽形象，但充满童趣，与楚文化中用于骑乘飞天的镇墓兽有很大的区别。从东汉陶俑中可以看到这个时期三峡地区的审美倾向仍保留有非常浓厚的地域特色，人形陶俑面容多轻松愉快、面带微笑，其动作和形制充分反映了东汉时期三峡地区人民的日常装扮、生活状态和物质基础；其陶制镇墓兽虽源于楚文化，但一改其严肃怪异的形象，更为小巧活泼，灵动有趣。这体现了在文化交流中，三峡地区的民众虽然接受了一部分其他地域文化，但仍坚持本地的审美风格，大刀阔斧地对外来文化进行本土改造。

秦汉至六朝时期的三峡文物尤以两汉时期的文物最具研究价值，其不仅体现了三峡地区受到手工业技术、农业技术发达的中原文化的影响，宗教信仰、生死观念和英雄崇拜等也逐步向中原文化靠拢，本土文化诸多方面受到一定的冲击，但在审美方面，仍坚持着风格清新、灵动恬静的艺术追求。

第五节 融入：唐宋及以后，"多元一体"格局基本形成

六朝下迄唐宋，三峡地区又进入一个比较大的发展阶段。今天三峡地区的人文地理格局正是在这一时期得以基本形成。由于隋唐以后中原文化先进且强大，三峡地区已经完全融入中原文化，不仅接受了中原文化的物质文明、精神信仰，而且在行为制度上也接受中央王朝管辖。① 同时，由于地理环境的封闭性，中原地区的流行文化传入三峡地区往往会产生滞后的现象，这种滞后又因地理环境的

---

① 邹后曦：《重庆考古 60 年》，《四川文物》2009 年第 6 期。

封闭性而得到保护，其变化更缓慢，且较少受到中原战事的波及，这也使三峡地区得以在崇山峻岭间保留有较多唐宋时期的文化遗存痕迹。

这一时期三峡地区的文化发展空前繁荣，以三峡特有的自然风物、人文、社会生活等为题材的三峡石刻，是三峡地区文化风貌的典型代表。其中三峡石刻又以白鹤梁题刻保存最为完好、文物价值最高，展现了三峡地区的水文文明。白鹤梁题刻被联合国教科文组织誉为保存完好的"世界第一古代水文站"，其价值核心在于题刻中的 18 尾石鱼，其中最早的双鲤石鱼始刻于唐广德二年（764 年）以前。古人以石鱼为水标，以鱼眼标记水位线，记载了长江一千二百年间六十多个枯水年份的水文信息，证明了古人在很久之前就开始记录长江水位变化。这种长期在江中石梁上镌刻枯水位等水文信息的做法，是一种独特的技术文明，为我们考证以及探索长江上游枯水情况和水量变化的规律提供了极其珍贵的古代水文资料和科学依据。据统计，白鹤梁题刻共有 3 万多字的水文记录，极具科学价值、历史价值和艺术价值。

注：重庆市文物考古研究院供图。

白鹤梁水下博物馆

　　除此以外，三峡地区名人墨客所留书法题刻更是极具书法艺术的欣赏价值和艺术史考古价值。与白鹤梁隔江相望的北岩书院的北岩题刻中，有黄庭坚、朱熹、陆游、王士祯等历代名人劝学的书法手迹；张飞庙、白帝城中，收藏有揄扬张飞忠勇、咏叹刘备托孤的多块石碑；在大宁河沿岸，还可依稀看到数面歌咏山川雄奇壮丽的摩崖石刻。三峡地区的石刻再现了三峡人文、自然、社会历史发展进程，是反映三峡社会、经济、文化发展的"活化石"①，对我国文学、书法以及历史研究具有很大价值。

注：重庆市文物考古研究院供图。

三峡摩崖石刻

---

①　郝国胜：《二十年：三峡工程重庆库区文物保护总结性研究（1992—2011年）》，科学出版社 2014 年版。

　　三峡地区隋唐时期的遗址有很多，尤其是以奉节白帝城遗址群、云阳明月坝遗址、巫山大昌古城遗址等为代表的古代城镇遗存与冶锌、盐业等工业遗存成为三峡地区极具特色的文化遗产。其中云阳的明月坝遗址所在地区地处长江支流澎溪河腹地，顺河而下可入长江，进而西通益州，东连江南，交通条件十分便利，同时这里也是唐五代时期三峡井盐产地之一，处于唐代通往通州（今达州市）和开州（今重庆市开州区）的盐道上，形成了大型集市，是临近地区商品贸易的集散地。这表明当时的三峡地区社会总体保持稳定，经济持续向前发展，人口大幅增加，坐拥长江航道，交通便利，在地理空间上处于重要的战略地位。

云阳明月坝遗址·唐代房址

　　易地搬迁的大昌古镇虽已不在原址，但仍可以看到迁建的古建筑中多为徽派建筑，这反映了三峡产盐、徽商贩盐的历史，体现了当时三峡独特的经济、交通地位。而千年盐镇宁厂古镇曾依托本地宝源山盐泉，在大宁河沿岸形成了规模庞大的盐业聚落，至今还保留有明清时期和近现代的建筑群，虽然目前已大都残败，但其规模还是足以令人震撼。

大昌古镇

　　除了水路交通的便利，三峡地区的陆路交通也没有因为连绵的群山而阻塞不通。大宁河沿岸遍布开凿古栈道时所留下的小方石孔（即支撑栈道横木梁的栈道孔），这一绵延上百公里、规模惊人的古栈道从侧面展示了大宁盐场的极度繁荣，是中国交通史上的一大奇观。

大宁河古栈道遗存

大宁河古栈道所留下的孔洞如今有半数被淹没在水位线以下，根据可观者可隐约看出大部分路段只有一米来宽，最宽处两米左右，远远望去像是一条极长的灰练高悬在离江面数十米的悬崖峭壁上。这些表面简陋的古栈道将几乎不可逾越的天堑变成了通途。"一骑红尘妃子笑，无人知是荔枝来"这一千古名句的背后就有以大宁河古栈道为代表的三峡古栈道的故事。其实，在栈道刚建成之时，路面一度较为宽阔，车来马往，纤夫可与轿工并肩而行；只是后来由于岩石风化，栈道变得越来越窄。[①] 大宁河古栈道以大宁地区（今巫溪县）的大宁盐场为源头，连通多条山路，形成了四通八达的山地交通格局，它对于扩大大宁地区的盐业运销，增进其与周边地区的物资交流和经济交往，促进当地经济发展，均起了不可取代的重要作用。

由于水路、陆路交通发达，自然资源丰富以及战略位置显要，三峡地区自古为兵家必争之地。唐宋之后三峡地区所历经的战事也充分说明了三峡地理位置的重要之处。宋代"蜀中八柱"有两处位于三峡地区，分别是合川钓鱼

---

① 邹后曦：《重庆考古 60 年》，《四川文物》2009 年第 6 期。

城、奉节白帝城，而三峡地区的云阳磐石城、万州天生城也是当时重要的军事要塞，它们在南宋末年为抵抗蒙古军队的南下，在攻守防御上发挥了重要作用。川渝地区的人民在宋元之际坚守 50 余年，这不仅与"蜀中八柱"及其他要塞构成的山城防御体系密不可分，还在于三峡地区融入中原王朝上千年，三峡人民已经充分融入了当时以南宋为核心的中央王朝，对中央王权所宣扬的"大一统"和儒家"忠君爱国"等思想价值体系已达成了价值认同。

合川钓鱼城现状

云阳磐石城现状

万州天生城后寨门

注：重庆市文物考古研究院供图。

奉节白帝城遗址

　　同时，钓鱼城、磐石城、天生城、白帝城等关塞得以在蒙古铁蹄下坚守半个世纪，也与三峡人民自古以来坚韧不拔、骁勇尚武的地区风气密切相关。在价值精神和行为制度都与中央王朝保持基本一致的情况下，三峡人民始终保留有巴人的精神文化传统，勇猛善战、无畏牺牲，拥有卓越的军事才能，这与孱弱的南宋王朝所力促的"重文抑武"形成鲜明的对比，是三峡人民在不断融入中原文明的过程中取其精华、去其糟粕而形成的结果。这样一种精神财富不仅在和平安定的时期得以用于日常生活中的开拓进取、力争上游，而且在遭到外部力量的分裂和打击时，对中华民族的民族维系与融合、大一统的形成与发展等，也发挥了巨大的作用。

新中国成立后，三峡地区 816 地下核工程的兴建具有重大历史意义。816 地下核工程是中国最大的地下核工程，1966 年，在周恩来总理的批示下，我国开始在西南的深山中建设第二个核原料生产基地。从 1967 年到 1984 年的十余年间，前后有 6 万多人从全国各地聚集到重庆涪陵地区的白涛镇，挖空了 150 余万立方米的岩石，挖成了一个进深超过 20 公里的庞大地下工程，该工程完全隐藏于山体内部，现在它以"世界第一大人工洞体"著称。实际上，816 地下核工程并没有完全建成和投入使用，但它却是中国三线建设的历史见证，承载了重要的历史、文化价值。

涪陵 816 地下核工程遗址

唐宋以后的三峡文物总体呈现出与周边地区文明尤其是中原文明进一步融合的趋势，究其原因是在长期的发展中，三峡地区的人民服膺于中原地区文化与生产力的先进性，因而主动靠近、吸收、融入中原文化，并依靠中央王朝的支持谋求自身更好的发展。此外，在王朝易代及恢复发展之际，大量移民的涌入，也加速了这一过程。而三峡地区地理环境的封闭性，一方面使其文化的更新发展"滞后"于外部，另一方面又在战乱时期保护了其文化传承与发展。同时，这一时期三峡地区的可移动文物展现出的差异性不多，这反映了三峡地区对于中原文化和中央皇权以及主流审美的认可，乃至对当时的主流价值观的认同。但即便如此，三峡的不可移动文物，尤其是建筑类文物仍然展现了巴山巫水这一特殊自然资源所造就的独特性和唯一性，同时也反映了三峡地区人民对家园的捍卫和坚守，显露出中华文明"多元一体"的特质。

第三章　三峡文物演变的总体趋势

　　三峡地区历史悠久、人文荟萃，是中国远古文化的发祥地之一，正是自西向东横切而过的长江及其从南北汇入的大小支流亿万年的冲刷和积淀，在支离破碎的高山峡谷中拓展出一个个平坝、一片片台地，为三峡先民的生存与发展提供了一块块乐土。三峡文物见证了三峡地区从旧石器时代以来延绵不绝、传承有序的文明发展历程，展现了三峡文化作为中华民族多元一体文化组成部分的独特面貌，是构建三峡地区文化格局、增进地域文化认同的重要载体。

　　总体而言，历数从旧石器时代到新中国成立后的三峡文物，有助于廓清三峡地区考古学文化的基本面貌，完善三峡地区考古学文化序列，填补三峡地区文化的许多阶段性空白。虽然目前对于三峡文物的考古工作还有很多有待拓宽和深入的空间，但就目前所掌握的文物资料而言，三峡文物演变的总体趋势是非常明晰的，概括而言有三个"走向"。

第一节　从独立走向融合

　　"从独立走向融合"是三峡文物演变的总体特征。

　　以"巫山人"为代表的三峡地区旧石器时代文物的发

现，对于早期人类研究可谓一缕极具启示意义的"新曙光"。"巫山人"是我国目前发现最古老的人类化石，对解答早期人类起源、直立人的起源与演化、现代人的起源等问题有极大助益。总的来说，三峡地区的旧石器时代文物最突出的特征就是"始源性"，它的重要性是其他地域同一时期、三峡地区其他时间段的文物不可比拟的。

在新石器时代，三峡文物不断演进和发展，反映其时的文化广泛受到四川地区的三星堆文化、十二桥文化以及中原地区的仰韶文化的影响，尽管如此，三峡地区新石器时代文物依然在继承旧石器时代文物显现的极少的地域特征的基础上发展出本地区的独特性。换言之，新石器时代的三峡文物是旧石器时代文物的进阶，展示出一定的连贯性和独特性。

在夏商周时代，三峡文物的"独特性"达到了顶峰，相较于其他地区凸显出极强的文化特异性。这一时期，巴文化指引下所塑造的器物的造型、纹饰等，乃至在三峡巫文化影响下的悬棺葬，无不显露出非常突出的"唯一性"，是其他地域不可复制、不可复刻的。可以说，三峡文化在地区势力的碰撞与融合中与其他文化形态有了广泛的交流，但始终有着对本土文化的坚守。

秦汉至六朝时期，三峡地区在政治上成为中央王朝的一个重要部分，主动或被动地学习了中原地区的生活方式和先进技术，逐渐接受了中原地区主流价值观的熏陶，逐渐对中原地区的文化和文明产生了认可。其体现在文物上即可看到这一时期三峡文物的独特性渐次减弱，仿制中原器物者不断增多。不过囿于当时的信息传播技术较为低下，三峡地区主动或被动进行的文化融合还不够彻底，在器物制作中还执着地保留着本地区特殊的制作倾向，如与中原地区大相径庭的人形陶俑，以及别出心裁、造型乖巧的镇墓兽。

文化融合进行到唐宋阶段已经基本完成。就文物本身而言，这一时期三峡文物与大一统王朝中的其他地域文物的差异几乎消失，除了地理距离带来的潮流时差，三峡文物与其他地域文物仅在细节呈现及个性化的精神表达上稍有不同，反映了中华文明多元一体格局的基本形成。此外，这一时期三峡地区的不可移动文物还体现出了三峡人民对国家主流价值观的文化认同，在对古建筑、古栈道、名人古墓的修葺和关注中，无不反映了三峡人民对文化融合的认同。

综合而言，三峡文物演变的总体特征是从独立走向融合。在旧石器时代、新石器时代和青铜时代中，三峡地区虽然也同周边地区进行融合和交流，但展现在文物中的主要是本土文化强烈的自尊、自信和自强，与周边文化存在较大的隔阂，文物的演变沿着自身发展路径向前迈进，有着自己的演变规律和审美倾向。到了秦汉时期乃至唐宋以后，三峡地区接受中央王朝的管理，同时也认识到了中原文化的先进性，三峡文物演变的路径发生了改变，向中央王朝主流价值观指导下的文物发展路径靠拢了。在秦汉时期的三峡文物中明显可见其对本土文化的坚持，但唐宋以后的三峡文物逐渐失去了强烈反映本土文化精神的独特性和唯一性。由独立走向融合，是中华文明背景下文物演变的必由之路，大一统国家下的各地域文化必然受到中央王朝主流价值观的熏陶和支配，在文化不断融合、文明相互借鉴的情况下，文化和文明的进程必然都是向前方、向强力、向主流进发的。

不过也要认识到，虽然三峡文物演变的总体特征是从独立走向融合，但三峡文物的独特性仍是绝对的。不同地区的文物诞生的地缘环境各有不同，这是不可磨灭的差异，三峡文物与其他地域文物分别根植于各自相应的特殊地域之中，即便其所反映的理念与文化高度契合于中央王朝主流价值观，它们之间也不可能是绝对一致的。以总体融入、个体独特的角度看待三峡文物和中华文明的关系，才能真正理解中华文明多元一体的格局。

第二节　从青涩走向成熟

三峡地区工具类、艺术类文物的演变特征是从青涩走向成熟。

从工具制造的角度而言，旧石器时代的多个遗址中出土的工具一般采用摔击法、锐棱砸击法制成，器型以砍砸器为主，有少量刮削器，但二者的界限不易区分，器具的加工粗糙、简单，个体多粗大，多以砾石和石核为毛坯。到了新石器时代，工具多以天然砾石加工而成，器型出现了斧、凿、球、磨盘、磨棒、刮削器、盘状器等。同时，不同地区形成了不同的特色，如城背溪遗址多见小巧、锋利的石英岩刮削器，而玉溪遗址中已然出现形体比较大的石制品，且多为一次成型，如石锄、砍砸器等石片石器，还有少量磨制的条形石斧。青铜时代到来后，工具制造逐渐进入手工业制造的范畴，经历了一次巨大的转变，三峡地区出土的文物不仅有用于农作的工具，还有极具特色的、用于战争的柳叶剑以及礼器、乐器等，同时还出现了用于盐业的尖底杯。三峡地区在发展渔业、猎业和盐业的经济结构中不断进发，走向了新的工具文明时代。秦汉时期，得益于中原文化的引进，三峡地区农具的制造技术大幅提升，逐渐改变了工具落后的局面，经济结构逐步向农业耕作转变。而兵器、礼器、乐器及生活用品的打造技艺虽比中原地区有所落后，但总体差距不大。唐宋以后，重庆涂山窑的兴盛、重庆成为蜀绣重要产地等，都证明了三峡地区的手工制造业走向了专业化和精细化，其工艺不断成熟。

注：重庆市文物考古研究院供图。

丰都玉溪坪遗址·尖底杯

从艺术审美的角度而言。旧石器时代奉节兴隆洞遗址出土了2枚带有刻痕的剑齿象门齿，是研究原始艺术起源、东亚地区现代人类行为方式的重要材料，而新石器时代大溪文化中的彩陶已经形成了能被现代人类理解的审美艺术，屈家岭文化还出现了蛋壳陶、彩绘陶等造型奇异的礼乐用具。从夏朝到"礼崩乐坏"的两周时代，得益于手工业的进步，三峡地区日常生活用品的造型、纹饰设计呈现出"造神"意识并逐渐接近现代人的审美意识。同时得益于生产力发展带来充足的生产资料，三峡人民开始制造和设计"实用性"以外的艺术造型。秦汉时期，三峡地区的艺术题材增多，从摩崖石刻、绘画、书法到雕刻塑像艺术，虽然多有对其他地域艺术审美的融合与借鉴，但总体而言仍然保留较为原始的、直观的艺术审美风格。唐宋以后，三峡地区和其他地区的融合和交流加强，艺术审美的独特性不断减弱，最终融入主流的艺术审美倾向中。到了近现代，以梁平年画、西兰卡普、三峡木雕为代表的三峡艺术又再次呈现出原始而独特的美学风格，这时三峡地区的艺术制造与审美才真正从盲从走向了成熟，拥有了寄寓生灵、返璞归真的造型特征，热情浓烈、饱和度高的色彩表现，以及原始朴实、追求意境的审美倾向。

总体而言，三峡文物中的工具制造和艺术审美都经历了从青涩走向成熟的过程。从随手拾起的原材料、随心而作的工具或图案，到有意识、有目的、有标准地完成一件工具或艺术品，再到主动追求工具和艺术品的精细化、专业化和独特性，三峡文物中的手工艺品的制造和审美经历了青涩，经历了借鉴、融合和盲从，最终发展为找准自身定位、发挥自身独特性的成熟形态。

第三节　从被动走向进取

与当地经济社会发展相关的三峡文物演变呈现出从被动走向进取的特征。

三峡地区得天独厚的自然资源，给三峡先民提供了优越的物质基础。三峡地区丰富的水资源，给当地带来巨量的渔业资源。且这一地区水域弯道多、水流急促，打鱼轻松便利，因此即便是在生产力低下的旧石器时代，三峡地区也发展出较为发达的渔业——这一时期的聚居地遗址出土了为数不少的鱼骨坑。同时，三峡地区山高林深，植物资源同样充裕，到了新石器时代，玉溪坪文化的遗存显示，三峡地区盛行以渔猎经济为主、农业经济为辅的生业模式，与同时期黄河流域的经济生态有较大区别；哪怕是到了已诞生审美艺术的大溪文化阶段，该地仍以渔猎采集经济为主，与江汉平原地区的稻作农业经济有很大的不同。

夏商周时期，在与周边地区进行一定程度的文化交流之后，渔猎和采集业已不能完全满足三峡先民日益增长的物质文化需求了，此时，三峡先民在巫溪发现了宝源山盐泉，盐业经济因而兴起，三峡先民通过收集和提纯盐泉中的盐即能换取到足够的生存资料。三峡先民仿佛得到了巫山神女和盐水女神的眷顾，无须像中原地区、川蜀地区和荆楚地区的人民那样"筚路蓝缕，以启山林"，而仅是"靠山吃山，靠水吃水"，就能过上温饱、平稳的生活。

但这一优越境况或许在两周时期被巴、楚两国之间频繁的战争打破了，三峡先民不得不直面本国手工业的落后和科技文明的落后，转而走向主动进取发展的道路。一是充分利用宝源山盐泉带来的盐业优势，通力合作，打造出一条卤盐生产链；二是充分利用长江和大宁河的航运优势，将盐业运销进一步向外拓展，北至中原地区，西至川西平原，东至长江中游；三是积极完善并推广巴式尖底杯，推动盐业生产的标准化，扩大三峡地区盐业的影响力。

同时，虽然三峡地区水流丰富，水运发达，溯长江而上可至川蜀地区，顺江而下可达荆楚区域，但是旧时造船技术并不高明，加上长江水流湍急，对于盐业来说，早期的水运并不稳定。于是三峡古栈道这一古代中国交通史上的奇迹在着力推动盐业发展的三峡地区应运而生。在崇山峻岭中打造栈道并不是易事，要在离江面数十米的悬崖峭壁上开凿孔洞、铺设木梁，稍有不慎就有粉身碎骨之险。但最终峡江沿岸还是形成了规模惊人的古栈道网，这些表面简陋的栈道就此将几乎不可逾越的天堑变成了通途。其中，大宁河古栈道全长百余公里，在栈道刚建成之时，路面一度较为宽阔，车来马往，甚至纤夫可与轿工并肩而行。以大宁河古栈道为代表的三峡古栈道连着多条山路，纵横交错，连接鄂、陕、渝三地，形成了四通八达的山地交通格局，发挥着食盐运输通道的作用，至今犹有遗存，被称作"世界上最险峻的古代盐业栈道工程遗址之一"。三峡古栈道不仅促进了大宁盐场的发展，扩大了三峡地区盐业运销的规模，还增进了三峡地区与周边地区的物资交流和经济交往。同时，三峡古栈道的建成是三峡人民战胜艰苦的自然条件，从被动获取转向主动进取，创造美好生活的重要例证。

发展盐业所遇到的困难比比皆是，但从今天宁厂古镇的遗存来看，当地的人民不断改良引卤方法，积极拓展盐业业务，最终使大宁之盐名扬天下。据明代《洪武实录》记载，洪武年间大宁盐场的产盐量可达全川产盐量的四分之一。清乾隆三十七年（1772年），大宁地区有盐灶户336家，盐锅1008口，清道光二年（1822年），大宁地区一年产盐5760吨，足见大宁盐业之兴盛。

宁厂古镇盐业遗存航拍图

总体而言，三峡地区与经济社会发展相关的文物反映了三峡先民从被动获取生活资源到主动进取提高经济水平的特征。从丰裕的自然环境中获取生存资料是容易的，但要痛下决心，认识到自己的落后与不足，主动直面困难、迎接挑战是需要很大的勇气和智慧的。三峡地区与盐业经济相关的文物遗存充分体现了盐业发展的不易，以及三峡先民从被动到主动，从守成到进取的过程。

久远的历史、璀璨的文化、独特的环境，造就了三峡地区特有的人文景观，与雄伟绮丽的自然景观共同构成了壮美的三峡风光。自古以来，三峡人民生活的历史就是与江水抗争的历史，他们利用长江，改造长江，其生产、生活及当地社会发展无不体现出与长江的紧密联系。长江沿岸的水位题刻，记录了不同时期长江水位的变化，反映出水位变化与农业生产的紧密关系，是三峡人民认识自然、利用长江的重要例证。这些水文题刻不仅有极高的科学价值，其本身也是不可多得的文化珍品。在与江水共生的历史中，人们为了乞求丰收、保佑航运平安，相继建造了众多庙宇，供奉神灵，如巴东县的王爷庙、地藏殿和秭归县的水府庙、江渎庙等，从而发展出丰富的民俗文化。开凿在长江两岸悬崖、陡坎上的栈道和纤道，更是三峡人民用血汗征服长江、战胜自然的历史见证。

三峡地区的文物资源丰富、涵盖面广、研究价值高，截至 2020 年 12 月 31 日，三峡地区的文物资源中已登记不可移动文物 16601 处，可移动文物 544799 件/套。梳理不同时期三峡文物的保护及利用情况，有助于厘清三峡文物演变的历史进程与阶段性特征，阐释及分析三峡文物的价值与意义，叙明三峡地区以文物为代表的物质符号体系。三峡文物演变反映了文化发展与历史传承的关系，总体趋势表现为三个"走向"，一是"从独立走向融合"，这是三峡文物演变的总体特征；二是"从青涩走向成熟"，这是三峡地区工具类、艺术类文物的演变特征；三是"从被动走向进取"，这是与三峡经济社会发展相关的三峡文物演变特征。

第四章　三峡文物的时代特征及价值

　　三峡文物承载和见证了三峡地区的灿烂文明，传承和丰富了三峡地区的历史文化，维系和滋养了三峡人民的民族精神，不仅是三峡先民留给我们的宝贵遗产，也是属于全人类的文化遗产。中华文化发展繁荣是中华民族伟大复兴的重要条件，保护历史文物是传承中华优秀传统文化的必然要求，是推进社会主义精神文明建设的重要方式。三峡文物的价值挖掘饱含着对传统文化的深厚感情，担负着实现民族复兴的历史重任；这一工作不容忽视，它是充分利用和活化三峡文物、加强当地民众自信心、推动当地经济发展的重要手段。

　　习近平总书记曾对文物工作作出重要指示："一个博物院就是一所大学校。要把凝结着中华民族传统文化的文物保护好、管理好，同时加强研究和利用，让历史说话，让文物说话，在传承祖先的成就和光荣、增强民族自尊和自信的同时，谨记历史的挫折和教训，以少走弯路、更好前进。"① 要让历史说话、让三峡文物说话，目前最关键的就是要研究、凸显三峡文物的时代价值。要从学理上、理

---

① 中共中央文献研究室：《习近平关于社会主义文化建设论述摘编》，中央文献出版社 2017 年版。

论上确立三峡文物的价值定位，以及其在中华文明、世界文明史上所处的位置，才能更好地指导三峡文物的活化工作。

第一节 文物"散"，序列"全"

长江是中华文明的发祥地之一，是人类文明的摇篮之一。三峡地区的考古工作开始得并不算晚。1920年代，美国人纳尔逊曾在三峡地区发现史前石器地点37处，并采集到少量陶片；1930年代，美国传教士埃德加在三峡地区采集到一些史前石器。新中国成立后，为了配合三峡工程的前期论证工作，我国考古界在这一地区先后进行了多次调查和发掘，对峡江地区的古代面貌有了基本的认识；1992—1996年，考古工作者对三峡地区的文物进行了全面调查、勘探，搭建了三峡工程文物保护的总体框架体系；1996—2008年，共完成考古项目541项，实施勘探面积1083.94万平方米，发掘面积131.3万平方米，三峡地区重庆段的考古工作进一步取得多项重大成果；2008年至今，一方面以抢救消落区文物为主要目标，已累计发掘文物点141处，另一方面，开展了奉节白帝城、万州天生城、云阳磐石城、巫溪宁厂古镇、忠县皇华城等专项考古调查发掘，为三峡地区优质文化遗产的保护与利用创造了良好基础。

通过近百年数代考古人的不懈努力，尤其是20世纪末以来连续20多年盛况空前的三峡考古与跨世纪的大抢救大保护，三峡地区古代文明的神秘面纱逐渐被揭开，成为我们解读古代长江文明乃至中华文明不可或缺的钥匙。

三峡地区发现的旧石器时代人类化石有"巫山人"（距今204万－201万年）、"铜梁人"（距今2.5万年）。在新石器时代，三峡地区存在两个相对独立的文化发展体系。在瞿塘峡以东的三峡地区，其新石器时代文化发展序列为城背溪文化—大溪文化—屈家岭文化—石家河文化。其中，城背溪文化与大溪文化的地层叠压关系、承袭发展关系十分明晰，它们与峡江之外的江汉平原的城背溪文化和大溪文化的文化特征大同小异，并与同一时期洞庭湖地区的原始文化的关系也十分密切；而屈家岭文化和石家河文化，则显然来源于汉水以东地区。三峡地区的新石器时代文化吸收了诸多地方文化的精华。

而在瞿塘峡以西的三峡地区，其新石器时代文化发展序列如下：玉溪下层文化—玉溪上层文化—玉溪坪文化—中坝文化。就目前发掘状况及研究来看，除玉溪下层文化与后续文化缺乏明显联系外，其余文化均表现出延续发展、一脉相承的特征，其发展期间虽然受到周边地区文化（主要是江汉平原的大溪文化、成都平原的宝墩文化等）的影响，但始终保有自身鲜明的特色。这些文化连同青铜时代的石地坝文化、瓦渣地文化、巴文化及后续时期的三峡文化，构成了较为清晰、完整的考古学文化序列，这在整个世界文明史中都是非常罕见的。其对于中华文明的多元起源、中华民族多元一体大家庭的形成与发展等一系列重大历史内容的认识，以及对于三峡地区的史前文化序列、古代社会发展、人与环境等问题的研究和解答具有非常重要的意义。

第二节　文物"旧"，故事"新"

研究三峡文物，传承三峡文化，不能简单复古，而要辩证取舍、推陈出新，摒弃消极因素，继承积极成分。探寻三峡文物的时代价值，就要坚持古为今用、以古鉴今，努力实现三峡传统文化的创造性转化、创新性发展，使之与现代文化相融相通，共同服务以文化人、以文育人的时代任务。

对于文物价值中传统文化的部分，不仅要价值挖掘到位，还要以当代的主流价值观进行解读。例如，丰都鬼城中的"鬼文化"如从封建文化的角度而言，具有很多不被主流价值观认可的部分，极易与为了耸人听闻而杜撰的民间封建迷信混淆不清，这对于弘扬丰都鬼城文化具有非常不利的影响。对丰都鬼城所包含的传统文化的解读，应该符合当今价值取向，以获得更广泛的文化传播渠道的支持，提高核心影响力。"鬼文化"归根到底是宣扬"善文化"，应该在充分解释当地文化内涵的基础上，从当代"惩恶扬善""劝人向善"的价值引导方向出发来理解"鬼文化"，抛弃传统中的糟粕部分。将"鬼文化"中光怪陆离的、宣扬封建迷信的"地狱文化""鬼怪文化"摒弃或弱化，发掘和宣扬其内涵和本质中的"善文化"，推崇惩恶扬善的价值取向，解读其宣扬"善"的部分，摒弃消极因素。

注：重庆市文物考古研究院供图。

丰都鬼城奈何桥

将"鬼文化"进行创造性转化，就是在传统的概念上，以我们今天的条件进行解读，将其转化为我们所需要的内容。只有将古文物、旧故事脚本中符合当代价值观的部分，用新的讲述方式和解读方式展示出来，将传统文化中与现今主流价值观相匹配的部分提取出来，进一步取其精华，讲好立足于当下的新时代故事，三峡文物中所蕴含的时代特征及价值才能获得新的表达，才能获得更多的关注。

第三节　文物"独"，发展"合"

从中华文明的宏观角度而言，三峡文物的演变总体是朝向融合和统一发展的，但三峡地区的地理环境具有不可复制性，即便当地人民的价值取向、人生追求都与主流价值观保持一致，其出生与生活的土壤在全世界却是具有唯一性的。

活跃在三峡地区的远古居民根据大自然赋予的条件，因地制宜地选择了具有特色的沿江垦植、渔猎并举、缓台居住、高坡安葬的峡江区域生存模式。[①] 随着生产力的提高，人类改造自然能力的增强，三峡先民不断地向高海拔地区进军，开拓更大的生存空间，从而使三峡地区地下文物的分布又表现出空间范围随时间的迁移而不断扩大的态势。三峡地区地下文物在结构布局和分布变化方面的特点，是中国大江大河流域峡谷地区共有的，是这类地区人类生存发展需要促成的。三峡地区的文物受到独特的地理环境影响，当地人类的生存与发展也受到独特的地理环境的影响，因此三峡地区的文物形成了具有鲜明特点的、相对独

---

① 邹后曦：《重庆考古 60 年》，《四川文物》2009 年第 6 期。

立的演变体系。

不可忽视的是，从对三峡各时期文物的分析中可以明晰地看到其他地域的文化对三峡地区广泛的影响。得益于完整的考古学文化发展序列，三峡文物中蕴含的三峡文化对其他地域文化进行认同、融合的过程，展现得非常明晰。从新石器时代四川地区的三星堆文化、十二桥文化、宝墩文化对三峡文化、三峡文物的陶染，到夏商周时期蜀文化、秦文化和楚文化对巴文化的冲击，再到秦汉以后中原文化及黄河流域和长江流域其他文化对三峡文化的推动，以三峡文物为载体的三峡文化最终融入了多元一体的中华文明，反映了三峡地区对大一统国家文化融合的认同。

正如上文分析三峡文物演变的总体趋势时所论述的，这是中华文明背景下文物演变的必由之路。大一统国家的各地域文化始终受到国家主流价值观的熏陶和支配，在文化不断融合、文明相互借鉴的情况下，文化和文明的进程必然都是向前方、向强力、向主流进发的。观察分析三峡文物在不同时代的演进和更迭，有助于透视中华文明多元一体格局的形成过程。通过比较研究不同文化和文明之间的借鉴方式，还可以再现中华文明发展进程中不同地域之间的文化交流过程。

总而言之，三峡地区的历史文物名声大、数量多、价值高，在流传千古的辞赋诗歌中，对三峡景物的描绘、吟咏比比皆是，其不仅在全国，甚至在全世界都有很大的影响力。要让文物充分发挥时代价值，以现代的方式对它进行活化和利用，就要先解读文化资源所蕴含的精神实质，再思考利用的方式和途径。文化开发的基本要求是对文物进行认识、认定和研究等，要认识到文物的价值，讲好三峡故事，传播三峡精神，传承三峡文化，理解三峡文明。

　　上文主要从三峡文物的时代特征及价值解读三峡文物的独特性、唯一性和珍贵性。一是文物"散"、序列"全"。三峡文物的发掘虽沿长江及其支流呈散落分布的状态，但根据其演进而确立的考古学文化序列呈延续发展状态，这在整个世界文明史中都是非常罕见的。二是文物"旧"、故事"新"。将古文物、旧故事脚本中符合当代价值观的部分，用新的讲述和解读方式展示出来，针对传统文化中与现今主流价值观相匹配的部分，取其精华，去其糟粕，讲好立足于当下的新时代故事，才能充分发挥三峡文物的时代价值。三是文物"独"、发展"合"。从中华文明的宏观角度而言，三峡文物的演变总体朝向融合和统一发展，但三峡地区的地理环境具有不可复制性，其生成的特殊地形地貌在全世界是具有唯一性的，通过观察与分析三峡文物不同时代的演进和更迭，可以从更高的维度一探中华文明多元一体格局的形成。

第二篇　三峡文化

　　三峡地区是我国重要的文化走廊和物流通道，沟通了江汉平原和成都平原，连接了长江流域的青藏文化、滇黔文化、巴蜀文化、荆楚文化和吴越文化，孕育出丰富多元、特征明显的三峡文化。三峡文化是长江文化体系的重要组成部分，是指生活在三峡地区的人们经过长期的社会实践所创造出来的具有显著的流域性、地域性特征，并与我国其他文化既相互联系又相互区别的物质财富和精神财富的总和。概而言之，在长期的历史发展过程中，三峡地区独特的自然环境培育和塑造了别具特色的地域文化。

第五章　三峡文化的界定与特点

在长期的历史发展过程中，独特的自然环境培育和塑造了三峡地区别具特色的地域文化。三峡文化的形成经历了"孕育、滋养、生长"的过程。

注：重庆市文物考古研究院供图。

宁厂古镇盐业遗址所在地

第一节　三峡文化的起源

一种地域文化形成的主要因素有二：一是自然环境，二是社会结构。因此，谈三峡文化之缘起势必要先谈其地理区位与自然环境。本节将在介绍三峡地区自然地理条件的基础上，结合历史、民族等因素来讨论三峡文化的起源。

一、三峡地区的自然环境

地理区位反映的是一种空间关系。要谈论某个地理实体的地理区位，往往会将其放置于更高的空间层次以进行这种空间关系的探讨。三峡位于我国地势第二阶梯、第三阶梯的交会地带，地处长江中游与上游的接合部，往西溯江而上，可至天府之国，往东顺流而下可至富庶的江南，而其南北各有大山。这种地理区位决定了三峡地区是连接我国东西部的黄金通道。

"一方水土养一方人"，人类文明的发展需要以自然环境作为依托，离开了赖以生存的自然环境，就没有人类，更没有文化。自然环境对地域文化的影响很大，对地域性格的塑造、行为习惯的约束等，都有莫大的作用。越是在人类社会的早期，文化受环境的制约越大。

气候是文化的创造者，是人类的生存环境与生活条件之一。三峡地区能成为长江文化的发源地之一，与这里较适宜的气候有密切关系。三峡地区的气候有四个主要特点。一是三峡地区正处于我国亚热带湿润气候区，冬季稍冷，夏季炎热，四季分明，虽然受季风环流影响，冬干夏雨，但盛夏雨水并不充分，常有伏旱。二是三峡地区的气候受到当地地形影响很大，气候的垂直变化也较明显，海拔在400米以下的沿江台地，热量资源较为丰富，暖季长，霜冻少，适宜柑橘栽培，《汉书》等史籍记载着汉王朝曾在此设橘官管辖上贡之橘的事实。三是三峡地区伏旱和雨涝灾害普遍。伏旱形成的原因是三峡地区夏季炎热，季节性干旱颇为频繁，盛夏时降雨量并无增加，部分地区还常出现连续高温，由此造成伏旱，旱情一般随海拔的升高而减轻。

而山区雨涝的危害却相当严重。四是三峡地区的雾日较多，雾日大多出现在冬季，常常在后半夜起雾，有时还持续多日不散，"曾经沧海难为水，除却巫山不是云"这一名句的诞生自是有其根由的。

就三峡的土壤条件而言，三峡山高水长，高山风化物丰富，水流把山脉风化物和植物腐殖质冲积到峡谷。三峡处于我国地势第二阶梯与第三阶梯交会地带，江水落差较大，水流较急，能把相当多的河流沉积物冲向下游。这种缺点，在地形上又被三峡的阶地所弥补。三峡上下两岸均分布有阶地，三峡两岸适于沉积的地方都能迅速地堆积起阶地和沉积物。阶地上还保留有肥沃的土壤。而且三峡地区雨量大、湿度大、土壤疏松，能保证土壤水不流失，很适合植物生长。

三峡的植物种类多样、储存量大，古代森林资源丰富，古人对此多有记载。《汉书·地理志》载"巴蜀广汉，有山林竹木之饶"，宋玉《高唐赋》称此处"玄木冬荣"，郦道元极言三峡春冬之时"清荣峻茂"。此外，三峡还是我国古代一个重要的产茶区，陆羽在《茶经》中写道："茶者，南方之嘉木也，……其巴山峡川有两人合抱者。"三峡地区还盛产柑橘，《史记·货殖列传》载："蜀汉江陵千树橘，……此其人皆与千户侯等。"

三峡地区的动物种类也极为丰富。三峡地区历史上曾是森林茂密的地区，野生动物十分多。《国语·楚语》："巴浦之犀、犛、兕、象，其可尽乎。"这与《山海经·海内南经》中"巴蛇吞象，三岁而出其骨"的记载相呼应。三峡地区出现的最具代表性的动物有以下几种。一是猿。三峡猿声自古以来就是当地一绝，历代关于三峡地区长臂猿的记载和咏唱不绝于典籍。如《水经注》载："常有高猿长啸，屡引凄异，空谷传响，哀转久绝，故渔者歌曰：巴东三峡巫峡长，猿鸣三声泪沾裳。"又如李白所言，"两岸猿声啼不住，轻舟已过万重山"。二是虎。三峡地区曾是华南虎的重要栖息地，巴人廪君部便是以虎为图腾的，虎在三峡地区不仅代表了一种精神追求，更代表了一种崇高的信仰。三是鱼。由于长江有多种鱼类每年冬季要溯流而上到三峡段交配产卵，因此三峡的鱼类资源也十分丰富。杜甫有诗谓此地"家家养乌鬼，顿顿食黄鱼"，而在巫山出土的东汉时期的庖厨俑中就有一条完整的鱼。

由于地质构造的缘故，三峡地区有着异常丰富的岩盐和盐泉资源，盐对于古代远离海洋的内陆人民而言，是一种关系生死存亡的重要资源，位于今巫溪县的宝源山盐泉有着丰富的盐卤资源。《华阳国志·巴志》《汉书·地理志》等典籍中均记载了三峡地区具有一定规模的制盐业。在有关三峡地区的古代神话传说中，曾多次出现诸如"盐水""盐阳""咸鸟""盐神"一类的名称，这些都暗示着三峡先民的生活与盐的开采和利用有着非常密切的关系。同时，如前所述，巴式尖底杯的流传线路以及三峡古栈道的行进路线也证明了三峡地区盐业的繁荣。"盐"也被称为"盐巴"，应该也与三峡地区盐业的兴盛有关。古代三峡地区的另一种著名矿产是丹砂，三峡先民十分重视对丹砂的开采和利用。丹砂可用作涂料，新石器时代三峡地区大溪文化的彩陶多以红陶为主。古人还将丹砂当作药物，认为其内服可以镇心神，外敷可以治恶疮、疗疥毒。不少古代典籍则称此地有"天帝神仙不死药"，所指或许就是丹砂。此外，三峡地区冶锌遗址极具代表性和历史考古意义，反映了三峡地区或其周边地区存在产量较大的锌矿。

三峡地区有着得天独厚的自然资源，气候宜人、风景独特，仿佛是得到了巫山神女和盐水女神的眷顾。三峡地区盛行以渔猎经济为主、农业经济为辅的生业模式，与同时期黄河流域的生业模式有较大区别；即便是到了已诞生审美艺术的大溪文化阶段仍流行渔猎采集经济，与江汉平原地区的稻作农业经济有很大不同。换言之，在早期社会，不同于中原地区、川蜀地区和荆楚地区的人民不得不"筚路蓝缕，以启山林"，三峡人民"靠天吃饭"就可以过上衣食无忧的生活了。正是在这样充裕的条件下，三峡地区才能形成悠久而独特的三峡文化和三峡文明。

二、三峡文化与早期人类活动

文化的缘起与人类活动密不可分，三峡地区早期人类活动是三峡文化的源泉，而三峡文化则是人类活动的智慧结晶。考古学为重构三峡地区早期历史和证明三峡地区存在早期人类活动提供了证据，从文化遗存与历史记载中，可探知三峡文化的起源。

2006 年，考古学家在三峡腹地的重庆云阳县的盘石镇龙安村与九龙乡活龙村发现了大地坪遗址，证实了三峡中段地区亦有早期人类聚集活动。经考古学家证实，这里是新石器时代至夏商时期的遗址，距今 5000—4500 年。这一遗址呈三级地阶状，范围约 3 万平方米。考古人员发掘出相关文物 600 余件，包括打制石器、骨器、陶器以及窑、墓葬等大量有代表性的上古文化遗存。

第二节　三峡文化的概念界定

作为一个地理、历史概念，三峡地区自奉节县白帝城起，经瞿塘峡、巫峡、西陵峡绵延至宜昌市南津关，这里是大巴山断褶带、川东断褶带和川鄂湘黔隆起褶皱带三个构造单元的交会处，是我国东、西接合部，是长江上游与中游过渡地段，是巴楚文化发祥地，是秦巴、巴蜀、巴渝地理接合部及其文化交汇处。巴文化是三峡文化的核心，蜀文化区和楚文化区分别位于巴文化核心区域的东西两侧，与巴文化互动交融形成各自的内涵特征。

目前学术界对文化含义的界定，大致有两种：一种是从人与自然和社会的关系出发，把文化看作在物质与精神两个层面相互区分又相互联系的统一体，这是广义的文化含义；这种定义将文化看作人类在创造历史、改造客观世界过程中的物质活动、精神活动及其创造的物质财富与精神财富的总和——按照这种定义，文化可分为物质文化与精神文化。[1] 另一种定义从观念形态出发，认为文化是社会政治和经济反映在观念形态上的产物，将社会政治、经济与文化区分开来，此种语境下的文化大致相当于前一种定义中的精神文化。[2] 在讨论三峡文化时，使用第一种界定更为准确，应该将三峡文化看作以精神文化为重点，兼顾三峡人民在改造自然和社会中积累起来的物质文化的特色地域文化。

在本书中，三峡文化是一个复杂的概念，不仅指具有三峡特色的地域性文化，也包括一般意义的文化在三峡的绽放：譬如巴文化是巴族的文化，楚文化是楚族的文化，蜀文化是蜀族的文化，这些文化不同属于一个特色文化体系，但发生在三峡，因此都可归为"三峡文化"。概言之，三峡文化既是一个文化概念，又是一个地域概念，指发生

---

① 黄中模，管维良：《中国三峡文化史》，西南师范大学出版社 2003 年版。
② 黄中模，管维良：《中国三峡文化史》，西南师范大学出版社 2003 年版。

在这个地域的所有文化。也就是说，本书所称的"三峡文化"是指发生在三峡地区范围内，以精神文化为重点并兼及带有精神文化因素的物质文化的一种地域文化。此外，本书还将厘清三峡文化通过文物展现的内部演化规律及互动过程，包括三峡文化的起源，三峡文化内部的巴文化、蜀文化和楚文化的源流关系与互动融合，三峡文化的内涵及其整体性、独特性和地位价值等。

本书选取的文化分类方式为文化学中的经典分类方式，即按照文化属性的不同层次将区域文化分为物质文化与非物质文化（包括精神文化与行为制度文化等）。其中具有三峡文化特色的物质文化，主要指现代三峡考古大发掘中出土的器物、墓葬以及文化遗存、遗址等；非物质文化是指三峡地区人民世代相传的各种传统文化及其表现形式，包括宗教信仰，生产、生活习俗，婚丧习俗，节庆活动，礼仪交往，以及歌曲、舞蹈、戏剧等民间文艺等诸多方面。

第三节　三峡文化的特征

三峡文化并非静止的文化，而会随着社会变迁和实践不断更新、演化，把握三峡文化的核心在于要从物质符号体系、精神文化体系、行为制度体系这三个维度去认识和理解这一有独特性和代表性的区域文化。

三峡地区人类文化历史悠久，时间跨度大，可上溯至人类的起源时期；从史前文明到古代重要的移民通道、商贸通道以及战争通道，再到现在闻名遐迩的旅游胜地，三峡地区的文化在不同的历史时期以不同的方式影响着人类社会，并被世界所认知。中华文化包罗万象，是经历了长期的历史发展而形成的一种具有鲜明地域性特点、有着鲜明精神特质与行为准则的文化整体，是一种融合了各地区的文化而形成的社会历史范畴的文化；而在中华文化这一整体之中，三峡文化有着鲜明的地缘性特征，是长江文化中一个重要的文化类型，具有独特的文化特质。总体而言，三峡文化具有以下几种突出的特质。

一、深入的融合性

三峡文化在空间扩展上体现出复杂性特征。文化空间的存在是伴随着人类活动空间的存在而存在的，也是随着人类活动空间的扩展而扩展的。从某种意义上来说，人居环境就是文化空间，与人类活动密切相关。人类活动的痕迹往往是文化扩展的路径，与交通线路的延伸吻合。从最初的水路交通到陆路交通，都可以看到文化扩展的痕迹。三峡地区的空间融合性展现了充分的文化融合性。

一是将高原文化及其地理特点与平原文化及其地理特点进行融合。野趣丛生、险象环生的青藏高原与云贵高原孕育出民族特征突出、原始粗犷的长江上游文化，而辽阔秀丽、柔美浪漫的江汉平原中的荆楚文化则以瑰丽梦幻、奇异缥缈之特质享誉九州，这两种风格迥异的地理环境和文化形态在三峡交汇，三峡博采众长，融合发展出兼顾两者特色的三峡文化。

二是成为中国南北文化交融之地。梁启超在《中国学术思想变迁之大势》中这样描述中国南北文化的特点："北方苦寒硗瘠，谋生不易，其民族销磨精神日力，以奔走衣食、维持社会，犹恐不给，无余裕以驰骛于玄妙之哲理。故其学术思想，常务实际，切人事，贵力行，重经验，而修身齐家治国利群之道术，最发达焉！"南方则不然，"其气温和，其土地饶，其谋生易，其民族不必惟一身一家之饱暖是忧，故常达观于世界之外。初而轻世，既而玩世，既而厌世。不屑屑于实际，故不重礼法。不拘拘于经验，故不崇先王。"① 梁启超将北方文化精神总结为"保守之情深，排外之力强"且"重礼文，系亲爱，守法律，畏天命"；将南方文化精神总结为"探玄理，出世界，齐物我，平阶级，轻私爱，厌繁文，明自然，顺本性"②。三峡地区位于南北文化交汇地带，将北方文化中的"务实际、切人事、贵力行、重经验"和南方文化中的"齐物我、厌繁文、明自然、顺本性"充分结合并一代代传承至今，三峡人民因此呈现出耿直实在与乐天知命的文化特质。

同时，经过漫长的岁月，三峡地区特殊的地理位置也使其拥有不可复制的历史经历，几次大移民带来的文化交融，进一步丰富了三峡文化的多样性。平民文化与精英文化、乡土文化与外来文化、传统文化与新兴文化等各个类型的文化在此交融。文化变迁使其文化积淀深厚，文化多样性越趋丰富，战争、商贸、移民、重大工程兴建等加快了三峡文化的变迁速度；三峡地区因而呈现出深入的融合性及兼具多地文化特色的文化特质。

二、互动的多样性

一种文化现象的产生和发展，不是孤立的，而是具有扩散性且有不断积累的过程。③ 文化是人类有组织、有目的地创造社会历史、改造自然的实践活动的结晶，中华大地上因历史原因和自然条件聚居的族群及其精神追求的不同

---

① 梁启超：《饮冰室文集》，中华书局 1989 年版。
② 黄中模，管维良：《中国三峡文化史》，西南师范大学出版社 2003 年版。
③ ［美］威廉·费尔丁·奥格本：《社会变迁——关于文化和先天的本质》，王晓毅，陈育国译，浙江人民出版社 1989 年版。

造就了具有不同文化、不同特质的民族。三峡地区自先秦时期就是多民族的聚居地，其中巴人、楚人和苗人在不同时期的交流与互动，塑造了今天兼具不同文化形态特色的三峡文化，而影响三峡文化最为深刻、最为长远的则是巴人，即便是秦灭巴国以后，巴文化仍然在三峡地区有着显著和突出的影响，其虽然吸收了来自多个地区文化的精华，但仍保留着本身鲜明的风格与特色。巴文化这种独特风格突出表现在艺术与战斗的融合当中，相传巴人参与周武王伐纣时，曾"歌舞以凌殷人"，使殷商军队"前徒倒戈"，这种刚强勇猛、威武壮丽的艺术，是巴人勇猛强悍、崇武善战的民族性格的反映。① 此外，在与其他地区的交往互动中，荆楚地区与中原地区的各种特色文化共同作用于三峡文化，使得三峡地区衍生的文学艺术作品中往往既包含绮丽缥缈的梦幻与想象，又兼具艺术理性的审美特征。例如，宋玉的《神女赋》《高唐赋》塑造了一代佳人的艺术形象，"高唐梦""巫山神女"寄托了文人墨客对三峡地区如梦似幻的自然风光的想象。同时，屈原、宋玉的作品也吸收了中原文化之长，主张法治，有一定的民本思想。

从历史的角度而言，一个地区的文化往往都是本土文化与外来文化融合后形成的一种综合文化。在古代，外来文化的进入在很多时候是通过人口迁移来实现的。因此，移民来源的籍贯、移民来源的多少、移民来源的形式、移民来源的行业成分，便与当地文化特色的形成和发展关系十分密切。② 多民族、多维度、多元化的互动促使三峡文化在演进中完成了由各有差异到融合趋同的过程。

① 黄中模，管维良：《中国三峡文化史》，西南师范大学出版社 2003 年版。
② 蓝勇：《西南历史文化地理》，西南师范大学出版社 1997 年版。

三、移民与开放性

文化受一定的地区、民族和一定的社会环境的影响，一个地区或国家的文化，总要与外部不同的文化发生关系，由于不同的地区或国家在文化上有差异，不同特质的文化总要产生抗拒与排斥、吸收与融合、影响与交流等各种现象，因此文化对外的封闭性与开放性，是影响文化的重要因素之一。[①] 黄河一直被当成中华文化的发源地；而巫山龙骨坡"巫山人"化石的出现，则使关于中华文化发源地的问题有了更广阔的讨论空间，甚至在国际上有学者将三峡地区称作"世界文明摇篮"，把这里看作"人类历史发源地"。黄河文化与长江文化在开放性上具有显著区别。长江水量丰沛且稳定，各个季节均可通航，是中国的黄金航道，且其支流繁多、覆盖面广，横贯中国东西。而黄河流量相对较小且季节性差异明显，通航价值逊于长江。可见在交流与货运的价值上，长江的优势是非常突出的，这也就带来了长江文化极强的开放性。而三峡地区紧靠黄河与长江的发源地四川，通过长江水系与三峡古栈道，可西入川蜀，北达三秦，东至荆楚。综合而言，三峡的地理环境为三峡文化带来了极高的开放性，使其形成海纳百川、兼容并包的特性。

同时，三峡地区丰富的移民文化也证实了其具有高度开放性的重要特质。三峡地区移民文化源远流长，有着深厚的历史背景。先秦时期、明清时期、抗战时期被看作三峡史上最大的三个移民时期，除此之外，三国时期、五代十国等中原动乱时期，三峡地区都曾迎来广大的移民潮。

---

① 黄中模，管维良：《中国三峡文化史》，西南师范大学出版社 2003 年版。

移民搬迁产生了移民文化，移民文化反过来又推动了移民搬迁，推动了移民地区的物质文明建设和精神文明建设。外来移民和本地居民的互动往往会催生出求同存异的意识和理念，在新旧交流与交替之中，文化层面产生了革命与演变，不仅传承了传统文化，也增添了鲜活的时代精神。移民与开放性带来的是不同程度的社会重组。三峡地区移民文化的精神内核是包容的、进步的，有助于推动三峡文化不断拓展演进，形成更丰富的内容。

四、审美的奇幻性

文化也是人的审美活动的结晶。不同的民族或不同地域的人，自然有不同的审美观，在其所创造的文化中表现出不同的审美特性。三峡以其特殊的地理位置、自然条件，哺育了一代又一代的英雄儿女，形成了大量的物质文化和精神文化珍品，给中华民族留下了丰富而又宝贵的财富。在那些浩如烟海的遗存中，最能体现其独特审美特性的乃是其中的文学与艺术作品。[①] 三峡文化中的文学、艺术作品都是基于三峡地区丰富多变的地理与自然条件而诞生的，在奇幻却真实的山水云雾之间，三峡给古往今来的文人墨客带来了丰富多彩的想象空间，《山海经》《离骚》中鲜活的、奇妙的文学笔触勾勒出诡谲绮丽的形象。可以这样说，三峡文学灵动活泼的特征浑然天成，充斥着无拘无束的自由之感。三峡文化中虚实结合的动人之处，塑造了三峡文化审美的奇幻星空。

---

① 黄中模，管维良：《中国三峡文化史》，西南师范大学出版社 2003 年版。

第六章　三峡文化的重要组成
及其时代价值

在三峡文化版图中，巴文化处于中心区域，是三峡文化的核心组成部分；巫文化发源于三峡地区，它的影响力突破长江流域，贯穿中华文化，在新旧传统中诠释了自己的价值。

第一节　巴文化

巴字始见于商代甲骨文，其古字形像口部巨大的蛇，《说文解字》记载"巴，虫也。或曰食象蛇"，可见巴字的一种本义是古代传说中的一种可以吞食大象的蛇。四川等地自古多虫蛇，周代有古国以"巴"为名，故地在今四川东部和重庆一带，后世因而称这一地带为"巴"。

巴文化始于先巴文化与前巴文化，先巴文化是指巴文化正式确立前，巴文化族群先祖创造的物质财富与精神财富的总和，是巴文化的源头文化，两者在主体上是传承关系；前巴文化是指巴文化正式确立前，发生在巴文化分布地域内但与巴文化没有明显传承关系的物质财富与精神财富的总和，两者之间总体上是替代关系。[①] 早期巴文化、中

---

① 刘豫川，杨明：《重庆与历史文化》，《巴渝文化》1999 年第 1 期。

期巴文化和晚期巴文化是巴文化的几个重要的阶段，跨越了新石器时代到春秋战国时期；秦灭巴后，汉文化对巴族聚居地产生了极大的冲击，三峡地区逐渐受到汉文化精神与思想的影响，使汉、巴两种文化得到充分的结合。后巴文化就是在巴文化作为一个主体整体消失后，间或在某个时期出现或在当地汉文化中存留的少量具有巴人族群特征的物质文化与精神文化因素。

秦灭巴国后，巴文化作为一个整体逐渐退出历史舞台，巴文化的相关概念不断弱化，最后与蜀文化一起被统称为巴蜀文化。今天，巴文化重新走入大众视野。1989年创刊的《巴渝文化》，被看作学界正式提出"巴渝文化"概念的标志。1989年到1994年间，先后有80余篇论文在《巴渝文化》上发表，自此三峡地区人民越发关注"巴渝文化"这一概念，尤其是关注巴文化与其他文化的区别。1993年"首届全国巴渝文化学术研讨会"的召开，增强了全国各地学者对巴渝历史、文化的研究和交流。1999年，刘豫川、杨明发表《巴渝文化》一文，对"巴渝文化"这一概念的内涵予以明确的界定："以今重庆为中心，辐射川东、鄂西、湘西这一广大地区内，从夏商直至明清时期的物质文化和精神文化的总和。"针对"巴文化"和"巴渝文化"的关系，文章概括了巴地青铜器、陶器和文字系统"巴人图语"的特点，并提出正是这些特点构成了考古学上所谓的先秦时期"巴文化"的核心。实际上，刘氏与杨氏提出的这一概念主要是物质层面的，如果将这一概念扩展到精神层面，则正是我们今天所说的"巴渝文化"的雏形。

可见，巴文化重点强调其历史性和文物之间的关系性，与今天所提的巴渝文化有一以贯之的联系，本节为了更加清晰地论证三峡文化内部之间的关联，在下文皆使用"巴文化"的称法。巴文化既是一个空间的概念，也囊括了时间的范畴，它可以理解成一种地区文化，也可以理解成一个"历史文化区"。[①] 所谓"历史文化区"，其在文化学上是指居住在共同区域内的各民族，由于长期联系、相互影响和共同的历史命运，而在其中形成具有一定文化特点的共同文化区域。巴文化始于多民族文化之融合，《华阳国志》载巴族先民"其属有濮、賨、苴、共、奴、獽、夷之蛮"，这使得巴文化从诞生那天起就似乎带有先天的文化包容性。经过漫长的历史变迁，至今在这片区域居住着汉族、土家族、苗族等多个民族，这给巴文化增加了丰富的民族文化色彩。这种先天的包容性或丰富性在后天的历史发展过程中又得到进一步的发展：巴渝地区这个"相对独立的文化区"处在中国南北文化的交汇地带，大规模的人口迁徙与历代文人的贬谪流徙等使得北方的中原文化、秦文化和南方的楚湘文化、滇黔文化都不同程度地渗入和影响到这个地区。战国时代，巴文化与来自关中地区的秦文化就有过交融，秦汉时期巴文化与中原文化的融合大大加快，形成巴文化发展的第一个高峰。

一、巴文化的起源

巴族是我国历史上出现较早的古代民族之一，早在商代的甲骨文中已有记载。

根据文献中的记载，巴人大概源自苗蛮，先秦文献《世本·氏姓篇》载："廪君之先，故出巫蜑。"廪君，即巴

---

① 余楚修：《巴渝文化刍议》，载《历史科学与城市发展：重庆城市研讨会论文集》，重庆出版社 2001 年版。

人的祖先，蜑指的是南方临水而居的蛮族。《华阳国志·巴志》称涪陵郡"多獽、蜑之民"。这些材料反映巴人的祖先来自南方一支与水为邻、流行巫文化的民族。而这与考古学上巴国时期巴人多傍长江、嘉陵江而居的事实相吻合。此外，《战国策·魏策》《史记·吴起列传》《吕氏春秋》《淮南子》等文献中关于巴人的记载，大致勾勒出巴人迁徙的历史：巴族原与九黎部落聚居在今丹江的南岸，随着九黎首领蚩尤被炎黄联盟打败，巴族转迁至洞庭湖一带，后又受到当地部落的驱逐，最终迁至巫山周边，才得以休养生息，开创属于巴族的文化与文明。

从神话传说中的祖先世系来看，巴人是伏羲的后裔。《山海经·海内经》载："西南有巴国。太暤生咸鸟，咸鸟生乘厘，乘厘生后照，后照是始为巴人。"而根据《路史》《世本》《帝王世纪》的记载，"太暤"或"太昊"指的都是伏羲。

图腾崇拜往往是原始人走向文明社会、形成独特文化的萌芽。在图腾崇拜上，巴人崇拜的是虎、蛇、鱼和龟（鳖），《后汉书·南蛮西南夷列传》载："廪君死，魂魄世为白虎，巴氏以虎饮人血，遂以人祀焉。"从中可以看出巴人认为白虎和他们的祖先是一体的，同时，虎威武的形象也使巴人把它当作驱鬼逐魔的保护神，巴人还借助想象把虎仁德化，作为情感思想的寄托物。① 今巫山至鄂西一带出土的巴国兵器、乐器上多有虎头图案。② 也有学者认为蛇崇拜是巴人最初的图腾崇拜，并以湖北恩施州利川市鱼木寨的一座古墓上发现的巴国时期的龙蛇浮雕图案为证。③ 《山

---

① 黄柏权：《土家族白虎文化》，中国文联出版社 2001 年版。
② 李明斌：《巴蜀铜兵器上虎纹与巴族》，《四川文物》1992 年第 2 期。
③ 谭优华：《巴人与崇拜图腾》，《华夏文化》2001 年第 2 期。

海经》中也有"巴蛇吞象"的传说，这极大地提高了"巴蛇"在三峡文化中的地位：能吞下数百倍于自身体量的象，说明"巴蛇"在三峡先民心中被赋予了神一般的地位，这种夸张与想象的结合正是远古先民图腾崇拜的体现。在古文献《帝王世纪》中还有"太昊庖羲氏，风姓也，蛇身人首"的描述。据当地传说，以鱼凫和鳖灵为图腾的巴族在战乱中曾溯江西迁，在川西平原建立了鱼凫和开明两个王朝。今广汉三星堆王城遗址中或许曾有鱼凫王朝的王宫，从其文物上多鱼凫头图案知其图腾为鱼凫；而鳖灵所建的开明王朝，可能是白虎巴人的一支——"开明"乃虎，虎应是开明王朝崇拜的图腾之一。

二、巴文化的特征及内涵

关于巴文化的特征和内涵，可从可视可触的物质符号体系、可知可感的精神文化体系和反映社会生活的行为制度体系三个方面进行分析。

首先，就可视可触的物质符号体系而言，巴文化典型的代表文物有虎钮錞于、巴式戈、柳叶剑、圆刃折腰钺等典型巴式铜器和尖底杯、陶釜、平底罐、圜底釜、三足盉等典型巴式陶器。其中，巴式青铜器具有显著的特点，例如：三峡地区出土的巴式柳叶剑刃部平直，有中脊，形狭而短，或纹饰兽纹和雷纹，或刻有巴蜀图符，是最为典型的巴式兵器之一；巴式戈，其形制较统一，一般为直援、中胡、带虎纹，其虎纹多独立出现，造型生动，多呈浅浮雕状，部分戈局部有阴刻纹饰，多为双面对称纹饰。巴式青铜乐器以虎钮錞于、编钟、钮为代表：虎钮錞于流行于战国至西汉时期，主要用于战争和会盟、祭祀等重大活动；巴式编钟同时受楚文化与西周文化的影响，一般形制上兼有楚式编钟和西周编钟的特色，一般规模较小；巴式钮则与长江下游今江浙地区出土的勾鑺颇为相似。

涪陵小田溪墓群·青铜戈

开州余家坝遗址·战国
虎纹青铜戈

涪陵小田溪墓群·青铜巴式柳叶剑

云阳李家坝遗址·战国铜矛

巴文化出土文物的特点主要是自然古朴、实用性强，其造型纹饰都比较简单，用作礼器的不多，大多为日常生活的实用品。青铜器以军乐器、兵器居多。

其次，就可知可感的精神文化体系而言，文化精神（文化内涵）正是使一个群体不同于其他群体的那些特质的总和。① 从图符文字、墓葬特点和信仰崇拜等几个方面可以清晰感受到巴文化所追求的精神文化价值。

第一，就图符文字而言，巴蜀图符最具代表性，它出现在青铜兵器（如戈、矛、钺）、镈于、编钟、印章等文物中，是巴蜀两地特有的一种符号，目前已发现的巴蜀符号约有200个，成组的复合符号则在200个以

云阳营盘包墓群·战国印章

上。② 研究证明，巴国从汉水上游地区向四川盆地东部移徙，其年代在春秋战国之际，正与巴蜀文字在四川盆地东部出现的年代基本吻合——这说明是巴人借用了蜀人的文字及其构字方法，而不是相反。③ 可见，在频繁的交流中，当时巴文化与蜀文化的近似性已经达到了空前的高度，这也证明巴人对于蜀国的强大、丰裕和稳定是心生羡慕和憧憬的，对蜀人的符号体系及行为制度体系也是认可的。此外，巴人热衷于传播和使用蜀人发明的图符也从侧面证明，也许川蜀地区是巴盐重要的销地，在盐业贸易中，巴人在

① 陈国强：《文化人类学词典》，浙江人民出版社1990年版。
② 李复华，王家祐：《关于"巴蜀图语"的几点看法》，《贵州民族研究》1984年第4期。
③ 杨勇：《论巴蜀文化虎纹戈的类型和族属》，《四川文物》2003年第2期。

川西平原推广了巴式尖底杯，同时也习得了川蜀地区流行的图符。

涪陵陈家嘴遗址·战国印章

第二，巴人的墓葬特点集中呈现了巴人对世界的认识方式，以及他们的生死观念。典型的巴式墓葬有崖葬、土坑葬、船棺葬等，其特点主要有三。一是在早期的土坑葬中墓坑一般较窄、较浅，均无葬具，随葬品较少，多数甚至没有随葬品①；腰坑无殉人的现象，殉狗、殉羊的也很少见，这应该与当地物质财富匮乏有关，逝者生前遗物大多被其后人继承，家畜等生活物资较珍贵，一般不用于殉葬。二是逝者的头一般朝向同一方位，这也许和巴人祖先迁徙的历史有关——这一方位很可能是巴人祖先故乡的所在。三是崖葬以多人合葬居多，葬式为仰身直肢葬，存在多次下葬的现象，说明当时的巴人重视家族观念。综合来看，一方面，巴

---

① 唐备，杨华：《浅析三峡地区商时期葬俗文化》，《三峡论坛（三峡文学·理论版）》2012 年第 1 期。

式墓葬的形制特点反映了巴人安土重迁、看重家族的价值观念，也说明由于生活资料有限，当时中原地区"事死如事生"的墓葬文化对巴人的影响较小；另一方面，崖葬、船棺葬等特殊的墓葬方式反映了巴人世代信奉的原始信仰。

第三，巴人的原始信仰崇拜与三峡地区的巫文化密不可分。巴人是三峡巫文化主要的创造者、接受者和传播者，巫文化在巴人的日常生活中扮演着举足轻重的角色。就自然崇拜而言，巫文化宣扬的是"泛灵崇拜"，这也体现在巴人生活的方方面面。巴人崇拜山水、土地、太阳，如新石器时代的秭归太阳人石刻是三峡地区崇拜太阳的明证。万物有灵的原始宗教思想是巴人观察、解释、崇拜自然现象的出发点，这与巫文化是一致的。另外，巫文化中的"占卜"也在巴人的生活中具有重要地位，《山海经》中提到巫咸国发明了占卜，用于占卜的器材一般为龟甲和鱼骨，而巫咸国常常被认为位于巴地[①]。此外，巴人的神话也往往与巫文化有关，如巫山神女、盐水女神的传说。

第四，巴人的图腾崇拜构成了巴文化精神文化符号的重要部分。巴人的白虎图腾有重要的象征意义。一是白虎代表着巴人起源。巴人是一个非常注重民族来源的种族，极为崇拜祖先。相传，巴人祖先廪君死后魂魄化为白虎，故巴人崇拜白虎，以白虎为图腾。二是白虎反映了巴人的尚武精神。虎以迅捷、凶猛而著称，常被当作杀伐之神。巴人以白虎为图腾，大概是以白虎为战神的象征，既用于鼓舞战士，也由于震慑敌人。除了白虎，巴文化图腾中常见的动物还有蛇、鱼、龟等，这些都是与巴人日常生活联系较为紧密的动物，蛇或许代表着对始祖神伏羲、女娲的

---

① 朱世学：《三峡考古与巴文化研究》，科学出版社 2009 年版。

崇拜，这也是巴人崇尚祖先的一个表现。

最后，就反映社会生活的行为制度体系而言，巴人采取以渔猎经济为主、农耕经济为辅的经济模式。渔业和猎业自古在巴人的生活中占有很重要的地位。从该地出土的大量鱼骨、网坠、甲骨、用动物骨骼制造的骨器及装饰品就可以知道先秦时期巴人在峡江、清江中游渔猎活动的频繁。清江流域的香炉石遗址不同时期的考古文化层中都有大量与渔猎相关的文物出土，同时根据不同的考古文化层分析，用网捕鱼的方式随时间推移而越加普遍，至迟在西周时期清江地区的巴人就开始用垂钓的方式捕鱼。战国秦汉时期的巴式青铜器中的鱼、船、鸟、兽等图案和纹饰也在一定程度上反映了当时的渔猎状况。另外，巴蜀兵器上还有一种称为"鸿鹤"纹的鸟纹，这种纹饰上的鸟身体较短、鸟嘴较长、嘴头弯曲如钩，被认为是巴文化中"鱼鬼"的象征。东汉时期出土的"庖厨俑"的砧板上放着的也是一条完整的鱼。相比之下，与农业生产活动相关的器物出土较少，表明当时的农业生产尚居于次要地位。①

其时，巴族的盐业非常发达。三峡地区有丰富的盐泉资源，如大宁河流域的宝源山盐泉、郁水流域的伏牛山盐泉、清江中游的清江盐泉，其中宝源山盐泉杂质最少、品质最高，至今仍未干涸，其附近区域甚至被看作《山海经》中巫咸国的所在地。历经千年的发展，以宝源山盐泉为核心的大宁盐场屡屡见于文献的记载，以此为中心还形成了三峡古栈道盐业运输网。

就祭祀方式而言，巴人"信巫鬼，重人祀"，且多以铸

---

① 邹后曦，白九江：《三峡地区东周至六朝铁器的考古发现及相关问题的初步探讨》，《江汉考古》2008 年第 3 期。

有虎形纹的青铜器尤其是青铜兵器为中介物来沟通鬼神——这与生活在中原地区的人们具有显著不同，其多以青铜礼器或玉器为祭祀用具。同时，巴人的祭祀活动较为随意，不拘于形式，这也与中原地区烦琐隆重的祭祀仪式形成鲜明对比。这些反映生活方式的行为制度主要是由巴人的社会发展水平决定的，并与当地浓厚的巫文化氛围有关。

不可忽视的是，以白虎图腾为代表的"尚武"的精神文化追求熏染了巴人的社会生活方式，影响了他们的行为制度体系。《华阳国志·巴志》有言："其民质直好义，土风敦厚，有先民之流。"巴人崇尚的是朴实敦厚、直率尚义的民风民俗，以骁勇善战为显著的文化特质和行为标准，如巴蔓子、廪君、盐神等传说人物都以勇武善战为重要特征，同时其乐舞多以激昂为特征，联系三峡地区盐业的生产和发展可知，该地区的盐业资源使巴人陷入了长期的战争旋涡。总之，巴文化中尚武精神对巴人行为制度体系的影响是非常突出的。在大一统王朝出现之前，中原地区的战争常能见到巴人的身影。例如，传说黄帝联合巴人杀蚩尤、败炎帝，逐鹿中原；夏启利用巴人讨伐有扈氏；周武王利用巴人讨伐商纣；秦败巴蜀而看重巴人的"强兵利卒"。巴人尚武、精兵、知战，对中华民族的民族构成与融合、大一统的形成与发展有着巨大的贡献。

三、巴文化的发展与留存

巴族叱咤风云的时代已经离我们远去，但自三峡地区文物保护工作开展以来，三峡地区重庆段出土的巴文化遗存为我们揭开了三千年前三峡先民的神秘面纱。自周代建国到春秋战国时期，巴人在几百年间的发展极为鼎盛，这也是巴文化影响力最盛、影响范围最广的时期，在蜀文化、楚文化、秦文化的包围圈中，巴文化有着独具一格的文化特色。这一时期随着巴人经济的发展及周边文化的影响，随着长江沿岸铜矿的开发，三峡地区进入了青铜时代，而一系列巴族青铜器的出土展现出巴族的精神世界。

巴族青铜器有着非常显著的特点。一是追求实用，巴式青铜器大多造型古朴、不重装饰，造型和纹路样式都较为简单，与华美的楚式青铜器相比显得更为朴素；二是从功用而言，青铜器多为军乐器和兵器，二者都是为战争服务的，与秦文化中推崇的艺术理性有很大的差异，凸显出巴人劲勇好战、能歌善舞的风尚。许多典籍都记载了巴人的"武功"：在武王伐纣中巴人就因善战而立功；春秋战国时期对抗声势浩大的楚国且战且退，却仍顽强抵抗多年，巴蔓子宁以头留城，也不愿割地于楚。这些流传至今的记载与传说都反映了巴人勇敢善战的精神。最终，由于生产力的落后，巴人这种性情与魄力无法转化为制胜的秘诀，《孙子兵法·谋攻篇》曰："上兵伐谋，其次伐交，其次伐兵，其下攻城。"三峡先民在谋略和外交上囿于地理环境与耿直率真的民风追求而有所缺憾，故而在后来的变革中慢慢落于下风。

如前所述，渔猎活动是巴族先民最重要的生产活动，渔猎文化在巴文化生活中占据举足轻重的地位。在三峡地区的香炉石遗址、双堰塘遗址等重要考古作业区中，其不同时期的考古文化层都有大量与渔猎相关的文物出土。此外，无论是兽骨、鸟骸、鱼骨残渣等猎物残骸，还是与渔业、狩猎工具相关的历史遗存，都有火烧或打磨的痕迹[1]，

---

① 姜世碧：《四川古代渔业述论》，《四川文物》1995 年第 6 期。

这说明在巴文化生活中，渔猎不仅仅是巴人"靠山吃山，靠水吃水"的生存自觉，而是一种具有极高主动性的、不断精进的主体性活动。此外，在捕鱼这一生业上，巴族先民通过不断摸索和创新形成独有的捕捞江鱼技术，获得在生存和繁衍人口上的主动权；同时也通过特殊的方式"饮水思源"，在青铜器、漆器、玉器上雕刻鱼、船等图案来感念自然的馈赠以及祖先的奋斗。

农业生活在巴族先民生活中虽不占主要地位，但也是其重要组成部分。与西部的成都平原、东部的江汉平原以及北部的关中平原相比，三峡地区的气候和地理条件限制了该地农业文化的发展，该地可供种植的作物数量有限，其收成也有限，相应地其农业生产技术也稍显落后。三峡地区的农业生产较为落后，这是巴文化显著有别于蜀文化、楚文化和秦文化的特征之一。概言之，囿于历史条件和自然条件，巴族先民在农业生产方面相较于周边地区的人民要稍逊一筹，但巴族先民自有其生存之道。《山海经·大荒西经》曾这样描述据传位于巴地的巫臷国："巫臷民盼姓，食谷，不绩不经，服也；不稼不穑，食也。"巫臷民之所以不依靠农业生产就能达到温饱，是因为该地有着丰厚的盐泉资源。事实也正是如此，巴族先民充分利用本地拥有产量丰富的盐泉的优势，大力发展盐业，在周边地区推广和销售巴盐，虽不绩不经、不稼不穑而衣食不缺。

用农业大国的思维来看，巴文化区的农业较为落后，经济发展并不如意，但实际上巴族先民凭借本地盐业资源发展的商业是非常成功的，大宁河流域的宝源山盐泉、郁水流域的伏牛山盐泉、清江中游的清江盐泉都成为巴族先民的"聚宝盆"。据考证，巴人制盐的方法主要有煮盐泉和煮岩盐。三峡地区出土了大量尖底陶杯和花边束颈圆底陶罐——这些器具一般被认为是制盐工具。实际上，这种尖底器皿在中华文物中并不少见，如中原地区仰韶文化的典型陶器就包含小口尖底瓶，江汉地区龙山文化曾广泛流行尖底缸（沿用到商周时期），但三峡地区除了有尖底陶缸，还有尖底杯。这种尖底杯具有强烈的地域色彩，被认为是巴文化代表性器物之一，广泛分布于大溪遗址、屈家岭遗址、石家河遗址等文化遗存中。其用途也被认为与三峡地区的制盐业有非常紧密的关系，可能是当时制盐工艺标准化的产物。

盐业的繁荣促进了与制盐相关的手工业的发展，但总体来看，三峡地区的手工业并不算发达，其内部发展也是很不平衡的。与本地优势矿产资源相关的手工业，如制盐业、丹砂采矿业、锌矿冶炼业等发展较为迅速，而青铜铸造业、漆器与陶器制造业等传统手工业的发展稍显落后，铸造质量和装饰技法与手工业文化繁荣的地区都有一定的差距。此外，三峡地区的纺织业很早就有所发展，该地发现的多处早期文化遗址中都能看到麻线、纺轮的遗存。

巴族墓葬文化有其独特的形式和内涵，巴族先民的葬制、葬式、随葬品及葬俗都有特殊的文化意义。巴式墓葬规模普遍不大，墓坑一般较窄、较浅，且大多只能容身，多是仰身直肢葬，均无葬具，随葬品较少，多数甚至没有随葬品[1]；但埋葬时都很注意死者头部的朝向，这大概与当时的祖先崇拜或宗教信仰有关。西周时期，崖墓较为流行，且存在多次下葬的现象。晚期巴文化出现了船棺葬及土坑木椁墓等，随葬品有巴式柳叶剑、圆刃折腰钺、陶釜

---

[1] 唐备，杨华：《浅析三峡地区商时期葬俗文化》，《三峡论坛（三峡文学·理论版）》2012年第1期。

等巴式青铜器。总体而言，巴族墓葬文化与其原始宗教信仰有密切关系。

巴族先民中盛行万物有灵的自然崇拜。巴族先民常在江边平地或江边台地建立聚落或下葬，如李家坝遗址、余家坝遗址、小田溪遗址等的相关遗存都能证明这一点，这是在长期的生产和生活影响下形成的对山水的崇拜。此外，巴族先民在迁徙和定居的过程中不断学习农业生产技术，也逐渐体会到农业生产较之渔猎而言是一种更为稳定的生产方式，因而在农耕生活中也将生长出粮食的土地列为崇拜的对象，在获得丰收之后要举行特殊的仪式表达对土地的谢意，如将酒、血等祭品洒向地面，或是将家养禽畜埋于地下——这种祭奠方式早在新石器时代的大溪文化时期就已经出现。巴族先民对于太阳的崇拜也是极其明显的，三峡地区在新石器时代就出现了太阳人石刻，从商代和西周的遗存中可发现许多太阳纹饰。可以猜想，崇拜太阳的原始宗教意识至少在七千年前就浮现在巴人先民的脑海中。虽然，到了商周时期，物质文化已发生重大改变，但巴人对自然环境理解的基础仍未发生变化，万物有灵的原始宗教思想仍是巴人观察、解释自然现象的出发点。巴族先民的原始宗教崇拜在日常生活的实践和探索中最终转化为对三峡巫文化的崇拜和信仰。巴文化中的原始宗教信仰与三峡巫文化存在明显的承袭关系，三峡巫文化是在巴文化原始宗教信仰的基础上发展起来的，逐渐呈现出有别于其他地域巫文化的独特风格——这是了解和研究三峡巫文化之特质与重要性的关键，简单而言，巴族先民中的濮系巴人、廪君巴人是三峡巫文化的创造者、传播者、笃信者，《山海经》中的12位巫师在传说中也是巴族先民，渔猎文化带来兽骨、鱼骨、龟壳的富余，使得巴人巫术的最大特点正是占卜多于占筮；同时巴地战乱频仍，巴人骁勇好战，巴式巫术因而更多用于战争，也更为精进，下一节对此将有更深入的阐释。

巴文化中的艺术文化是其文化特质的重要体现，以神话传说、音乐与舞蹈为代表。从神话传说而言，其主要有自然神话和社会神话，自然神话多以奇珍异兽的传说故事为主要内容，展现的是三峡地区的生态环境，社会神话则多以英雄祖先与巫山神女为主题。譬如："比翼齐飞"讲述的是巴族先民以比翼鸟作为方物献给周成王的故事；"巴蛇吞象"讲述了巴族先民的起源；而有关白虎的传说则被记载于《华阳国志》中，它讲述的是白虎率群虎为患，后又拼死搏杀群虎的故事，大约反映了廪君蛮发动部落战争而落败的故事；廪君神话是巴人英雄神话中最具代表性的故事，讲述了廪君率族人迁入清江流域的历史传说，在这个过程中，廪君射杀了盐水女神（盐水女神可能是清江流域母系部落的首领，掌握有产量巨大的盐泉，廪君射杀盐水女神大概是宣扬廪君在兼并战争中获得胜利，成功夺取了盐泉）；巫山神女的故事则更广为人知，其大概源于自然神话，巫山十二峰时属巴地，巫山神女应是巫山群峰的象征，经由历代文人墨客的吟诵而广为人知。从音乐和舞蹈而言，巴族音乐的历史非常久远，其舞蹈激昂有力，催人奋进。《世本》《水经注》《山海经》等典籍中都有关于巴地音乐的记载，现今三峡地区也出土了大量的远古乐器。《尚书》载："帝曰：'夔，命汝作乐。'"据传说，夔与今天的奉节关系匪浅。巴人舞蹈最有名的当数巴渝舞，巴渝舞的得名极具故事性："巴渝之人，刚勇好舞，初高祖用之克平三秦，美其功力，后使乐府习之，因名巴渝舞也。"巴渝舞常被认为源自巴族先民的原始舞蹈，一般是在播种、打猎、出征前进行表演。巴渝舞的特点是手执兵器、集体舞蹈、以鼓伴奏，充满了战斗和奋进的精神，激昂非凡。巴族后裔僚人所使的铜鼓上展现的羽人舞图反映了僚人武舞的情景，从中可以一窥古代巴人武舞的形态。

巴族先民生活的各个方面构成了巴文化的不同特质，在这样的精神生活的指导下，巴文化的民风是古朴凝重的。《华阳国志》认为巴人"质直好义，土风敦厚，有先民之流""而其失在于重迟鲁钝，俗素朴，无造次辨丽之气"。其高度评价了巴族先民朴实敦厚、直率尚义的性格，同时也客观地指出他们缺少思辨思维。虽然受巴文化影响的各地人民性情并非完全一致，如渝东地区民风粗犷勇猛，垫江以西地区较之则有所不如，但是就整体而言，其尚武精神都是非常突出的。如前所述，古代文献中巴族先民的形象都以勇猛善战为主；而从考古材料看，巴人考古遗存中兵器颇多，但凡男子墓葬都有兵器且成一定葬式，从兵器的普遍性看，巴族具有"全民皆兵"的特征[1]；从巴族先民的神话传说及英雄故事来看，其主角人物武功极盛，如廪君、巴蔓子等。总而言之，骁勇善战这一文化特质在巴文化中非常普遍。究其原因，巴族先民的聚居地有丰富的矿产，无论是盐泉、锌矿还是丹砂矿，在古代都是一方土地的重要经济命脉，这样的地理环境和物质条件，使得巴族先民多数时候不得不陷入长期的战争旋涡，他们只能根据固有的地理优势及技术条件，从武力上充实和提高自己，以免落入颠沛流离的生存之困。欲了解一个民族的文化内涵似乎可以从一些细小的地方来观察，因为看似孤立的细

---

① 李禹阶，黄晓东：《巴族社会组织的一般性与特殊性》，《巴渝文化》1994年第 3 辑。

小行为，彼此间也有某些系统性的联系。以此来看巴文化的精神内涵，可以说各个子文化间互相渗透互相影响，宗教信仰中的自然崇拜与神话交叉，乃至于巫鬼文化艺术中的舞蹈、雕塑这些不同领域内的文化因子都受到一个客观因素的影响，那就是巴人所生存的地理环境。此外，巴文化的各子项间还有一个共同的联系，那就是巫文化，无论宗教、艺术乃至于文字符号等，都或多或少地受到巫文化的影响，关于这一文化核心下一节将有专门阐述。

四、巴文化的时代价值

一般而言，"巴文化"往往指的是先秦时期三峡地区巴族人民创造的物质文化和精神文化的总和，强调的是其历史性和地域性；今天，"巴文化"的使用逐渐弱化，三峡地区人们谈得更多的是"巴渝文化"。"巴文化"和"巴渝文化"最本质的区别在于其时间性和地域性侧重的不同：在"巴文化"中，突出和强调的是"巴人"和"巴国"，在先秦时期，巴人的聚落是有迁徙和融合的，但只要是仍然继承了"巴"的物质传统和精神特质的族人，他们所依赖和形成的文化就是巴文化，然而在千年的历史变化中，"巴国"已经消逝，但"巴人"血脉却长存于其他民族之中；而"巴渝文化"所强调的恰恰是历经各朝各代，与各地域文化交融后的、始终根植于这一片天地的物质文化、精神文化的总和。

习近平总书记曾强调，我们伟大的祖国，幅员辽阔，文明悠久，中华民族多元一体是先人们留给我们的丰厚遗产，也是我国发展的巨大优势。"多元一体"是中华民族的显著特征，在上下五千年的历史中，各民族共同开拓辽阔的疆域、共同书写悠久的历史、共同创造灿烂的文化、共同培育伟大的精神。一部中国史，就是一部各民族交融汇聚成多元一体中华民族的历史，就是各民族共同缔造、发展、巩固统一的伟大祖国的历史。从"巴文化"到"巴渝文化"，其历史性与文物之间的关系是一以贯之的，二者的内涵中都包括了时间和空间的概念，是同一"历史文化区"不同时期的一种文化。① 从古至今，巴文化区域中不同民族之间的文化互通有无、相互借鉴，共同在一片区域内繁衍生息，这使三峡地区的巴文化带有先天的文化包容性和良性竞争关系；今天的"巴渝文化"更是包含了汉族、土家族、苗族等多个民族的人民所创造的物质文化和精神文化，因而在今时今日研究和分析巴文化乃至巴渝文化的时代价值具有重要的意义。

首先，巴文化的物质文化遗存对我们了解三峡地区的历史进程具有不可或缺的作用。巴文化的历史文物遗存丰富，特征突出，不仅有对中国文字发展有突出贡献的巴蜀图符，有神秘莫测的崖葬和石棺，还有珍贵有趣的巴渝神鸟、虎钮錞于等独特的艺术品。巴文化的物质文化遗存展示了巴族重视实用、自然淳朴的价值追求。

其次，巴文化的精神文化符号对于理解中华民族"多元一体"的格局有着至关重要的影响，对于了解巴渝地区人民的价值取向和精神追求有着不可或缺的作用。今天我们常常形容重庆人豪爽耿直、率真热情、开放包容和坚韧顽强，这与历史上巴文化的精神内核有着紧密的关系。一是巴文化中的尚武精神转化为今天巴渝人民的豪爽耿直、坚韧顽强。三峡地区作为历史上的兵家必争之地，书写着

---

① 余楚修：《巴渝文化刍议》，载孟广涵：《历史科学与城市发展：重庆城市研讨会论文集》，重庆出版社 2001 年版。

中华的军事斗争史，从先秦两汉到近代抗日战争，大风大浪的军事锤炼不断打磨着巴渝人民勇敢奋战、坚守家园的顽强品格，家国命运的纷争不断强化西南一隅的巴渝人民对国家大义的自觉认同，锤炼出巴渝人民豪爽耿直的文化底蕴。二是巴文化中对外来文化的开放胸怀深化为今天巴渝人民的开放包容。从古至今，三峡地区经历过多次大规模的移民行动，从"湖广填四川"到三峡百万移民工程，大规模的社会流动塑造了巴渝人民对外来移民、外来文化的理解和包容，这不仅对城市的变迁与发展有着相当重大的作用，也形成了现在重庆独特的城市文化与重庆人的性格特质。三是巴文化中的巫文化底蕴造就了今天巴渝人民率真热情、乐观积极的底色。与讲求克己复礼的中原人民不同，热情奔放、偏好直抒胸臆的巴渝人民传承了巫文化时代胆气豪迈、性格火暴的民风传统，风风火火、豪爽耿直的巴渝人说话爽直明快，做事干脆利落，往往以乐观向上、积极进取的心态生活，这也是今天重庆飞速发展、广受国人好评、成为热门旅游城市的重要原因。

最后，巴文化的古代行为制度体系对今天我们充分认识和发展巴渝地区的文化、经济有着重要的启发作用。从三峡地区的盐业发展来看，巴人为了发展盐业打造了从开采、提纯、集散到运输的专有体系，甚至还发明和传播了以巴式尖底杯为核心的标准度量体系，这对于今天我们通过发掘三峡文物的价值，对三峡文物进行活化利用提供了重要思路：找准差异，打造体系。具体而言，我们要在充分挖掘重点文物的同时，深入解读其所代表的文化体系，在其中要找准差异点，找到我们所要活化的文物或文物群最独特的、唯一的、不可替代的价值点，要以此为中心轴，发展出解读该文化价值的阐释体系，以此增强当地民众的文化自知、文化自信，实现文化自强。

第二节　三峡巫文化

所谓"巫"，在《辞海》中的解释是"古代称能以舞降神的人"，《说文》释曰："巫，祝也。女能事无形，以舞降神者也。"所谓"事无形"，即侍奉看不见的鬼神。[①] 换言之，巫是神与人之间的中介，为沟通天地的执行者。自古以来在世界各地与巫文化有关的原始宗教崇拜非常普遍，而流行于长江流域的巫文化则可能起源于三峡地区。

从现有考古材料来看，三峡地区占卜行为的出现并不晚于中原地区（殷商时期），且有其独特之处，主要有三。其一，在占卜用具选材上，三峡先民多用鱼类骸骨进行占卜，这与殷商巫师多用兽肩胛骨、龟甲等大为不同。这也许与鱼类是三峡地区重要的食物有关，同时也可能反映了三峡先民对江水和鱼类的一种古老崇拜。其二，三峡先民对占卜材料的处理较为简单。不同于殷商巫师会打磨龟甲、兽骨，使之平整、光滑，三峡先民将鱼骨上的小钩刺去掉后一般不再做进一步的处理。这体现了一种更根深蒂固的原始宗教式的自然崇拜意识，说明在占卜这一寻找自然力量支援的行为上，三峡先民更倾向于减少人为干涉，以此达到与天地、鬼神更全面更直接的交流；相应地，三峡先民占卜时也极少像殷商巫师那般使用烧灼等手段。其三，三峡地区出土的占卜遗存时代早于其他地区，但没有刻辞，故其求取的具体事宜多不可考，同时三峡地区传统的占卜

---

① 管维良，林艳：《三峡巫文化简论》，《重庆师范大学学报（哲学社会科学版）》2003 年第 4 期。

观念稳定性极强，覆盖面很广。①

一、巫山、巫溪与三峡巫文化的起源

旧石器时代晚期的奉节"河梁人"及其生活用具在三峡地区的发现，被认为是填补了中国智人发展史的空白。在奉节鱼复浦遗址发现的 12 个烧火堆，里面有被灼烧的石头、骨头，其罕见地按照一定的规律排列，呈带状分布，被认为是三峡地区早期巫文化的一个典型例证。

新石器时代，巫文化在三峡地区尤其是巫山和巫溪地区蓬勃发展。巫山和巫溪地区拥有丰富的食盐资源以及被古人当作药物的丹砂资源，这都是当时的人们赖以生存的宝贵资源，此地因而人口繁庶，部落云集，有条件衍生出丰富灿烂的巫文化。据传，《山海经》中描述的拥有 12 位巫师的巫咸国就位于巫山、巫溪一带，巫溪可能就是传说中巫咸国的治地，古代典籍称"天地神仙药在此"，这所谓的"天地神药"大概说的就是巫山地区出产的丹砂。巫溪地区的宝源山盐泉产量丰富，远胜其他盐泉，这在三峡先民看来仿若神赐，"巫山神女"和"盐水女神"传说大概就与此有关。而且巫山和巫溪都在今大宁河沿岸，大宁河的"宁"在古音和今音上都与"灵"字读音相似，"灵"的繁体为"靈"，《说文解字》载："灵，巫也，以玉事神。"似乎可以猜测，今天的大宁河在古代极有可能是"大灵河"，意即大巫河。果真如此的话，这也许昭示了此地有势力极大、威信极高的巫师居住，抑或是有很多巫师居住在此。换言之，巫山、巫溪一带大概就是三峡巫文化的诞生地，是远古时期巫文化盛行之地。如前所述，传说中的巫咸国不仅拥有

---

① 朱世学：《三峡考古与巴文化研究》，科学出版社 2009 年版。

产量丰富的盐泉，而且还盛产"不死之药"丹砂，种种元素缔结的超灵的信仰文化深深扎根在当地人民心中。新石器时代此处部落云集，各部的首领往往就由部落中最具威望和"灵力"的巫师担任。先秦时期，巫文化是一种具有普遍性的文化，不仅是三峡地区，世界各处都经历了从原始宗教的自然崇拜到巫文化崇拜的过渡。三峡地区氛围浓厚的巫文化随着文化间交流的加深而逐渐扩大影响，这种浓厚的巫文化氛围及其独特的巫文化形态不仅仅表现在宗教生活中，还表现在巴人的艺术文化、符号文化、民俗文化中。

巫文化作为早期世界范围内普遍存在的一种原始文化，其内涵十分丰富，在早期社会里举凡占卜、治病、祈祷、舞蹈、驱邪等都可由巫师主持。三峡巫文化对当时三峡人民的精神世界产生了极大的影响，其深刻影响甚或融入了山水之间，巫山、巫溪皆以"巫"为名，与传说中三峡巫文化的创造者"巫咸"的关系匪浅。三峡之"巫"与山同存，与溪共长，正说明了巫文化在这个区域内的含蕴化育，体现出那种根植于巴人血脉中的浓重的巫文化气息，因而衍生出浪漫的神女文化和神奇的志怪故事。

巫文化经历了从个体巫术到公众巫术的发展过程，在进入"国之大事，在祀与戎"的文明初期，公众巫术已经融入祭祀文化或转为祭祀文化的组成部分。[1] 祭祀虽然与巫术都是试图与鬼神建立联系，但并不完全相同，巫术是巫师通过一定手段与鬼神等建立联系，而祭祀只是人单方面向鬼神表达自己的意愿。要论三峡地区"信巫鬼，重人祀"的风俗起源，还得从巴文化的始祖神话谈起。巴人奉廪君

---

① 陈来：《古代宗教与伦理》，生活·读书·新知三联书店 2009 年版。

为先祖，传说廪君死后化为白虎，以人血为食，因此巴人每年均要杀人祭白虎。正是在这种对祖先的崇拜与信仰的推动下，三峡先民逐渐相信故去的祖先拥有超凡的能力，并有保护和庇佑后世子孙的自觉，故而在面对生存困境时，其对祖先的祭拜与感念逐渐转为向祖先祈求护佑或讨要生存资料。久而久之，这种对祖先的崇拜、恳求广而化之，三峡先民转而向更广泛的外界物寻求帮助。在这个过程中，要通过一些特殊的中介物与崇拜对象建立联系，此时三峡先民往往以铸有虎形纹的青铜器尤其是青铜兵器为媒介——中原人民则常用玉器——这与三峡地区战争频繁有关，人民常因战争而迁徙，用武器来祭祀较为方便。[①] 三峡地区出土的战国时期虎纹戈中有一单髻、执刀、下跪的人像，其旁还有羽毛纹饰，有学者推测这展现的是巴人首领即位的场景：执刀下跪者是当地首领，羽毛纹饰象征着权力，虎纹象征廪君——该首领正在祭拜廪君。这表明巴人首领的地位和权利来源于廪君的赐予。[②] 而关于虎纽錞于平盘内的"人面纹"，也有学者认为它象征着祭祀仪式中的"献首"行为，即将俘虏的头献给祖先，这或许昭示着虎纽錞于是一种祭祀重器。[③] 这些祭祖仪式、祭拜仪式的特点为后期三峡巫文化的发展奠定了充分的基础，这种充满地域特色的祭祀特点除了受到当地地理环境的影响，更多的还是与社会的发展已受到巫文化的影响有关。这种回归自然、虔诚的祭祀态度，为当地民众接纳巫文化奠定了充足的思想条件。

---

① 白九江：《巴蜀虎形纹饰与虎崇拜》，《巴渝文化》1999 年第 1 期。
② 杨勇：《论巴蜀文化虎纹戈的类型和族属》，《四川文物》2003 年第 2 期。
③ 邓辉：《虎钮錞于用途初探》，《四川文物》1994 年第 2 期。

二、三峡巫文化的发展、表现及影响

在巫文化诞生的早期，人们主要通过巫术来表达自然崇拜。人们相信万物有灵，相信人的精神意愿与自然力量之间存在某种神秘联系，而巫可以通过某种独特的方式去破译自然力量的密码，从而控制自然力量，降福于部落。三峡地处长江流域上游，从生态条件上看是适合人们繁衍生息的，但在生产力水平极其有限、科学知识极其匮乏的情况下，人生病了往往得不到医治，种植粮食难以保证收成，在这样的情况下，人们自然会去求助鬼神。此时，巫师便成为人与鬼神之间的媒介，以神灵代表者的身份，指导人们如何生产、生存，受到同胞们的莫大尊敬，他们往往也被推举为氏族、部落头人（兼做巫师）。[①] 而早期人们的祈求大多和自然条件相关的生存需求相关，无疑，这彰显了人对自然的崇拜。从三峡文化遗存来看，大溪遗址的氏族墓葬中有用龟、鱼来随葬的做法，可能是当时埋葬死者时进行的一种巫术仪式，可能与死者的死亡情况有着一定的关联，体现着灵物崇拜在葬俗上的施行。此外，这一时期的人形石器、动物石器等文物，很可能代表着祈求的意愿或憎恶的对象，也可能是巫师施行巫术或祭祀时用的法器或礼器。从某种意义上说，史前的巫文化与原始宗教相伴相随，是人类迈入文明社会门槛前的文化主流，彰显了人类早期的探索精神。

夏商两代，敬奉鬼神的社会正是巫术发挥功用最好的温床。为了在所谓的生之彼岸延续舒适与富足，奴隶制社会中的贵族甚至将活人带入坟墓，进行"人殉"；直到春秋战国时期，社会生产力提高，统治阶级开始更加重视人对

---

① 高明强：《中华巫文化》，国际文化出版公司2000年版。

社会发展的价值，以陶俑入葬的风气才胜过了人殉。这一时期盛行的"鬼教"，中心在平都（相传，古平都即今重庆市丰都县），有人祀血祭（用人作牺牲，如白虎巴人即用人祭虎）、崖畔獭祭的传统。在生与死之间，巫文化的发挥空间巨大，而三峡地区盛行的悬棺葬实则是原始宗教与巫文化结合的体现。在宜昌市的夷陵区、秭归县、巴东县、建始县，恩施州的恩施市、利川市，重庆市的奉节县、巫山县、巫溪县、云阳县、黔江区等地，先后发现有多处悬棺葬（即将棺材置于崖壁之上）。据鉴定，这些悬棺均是先秦时期的墓葬。悬棺葬的葬处一般在临水的陡峭山崖上，一般认为死者葬得越高，与天神的往来也就越方便，也更易于皈依天国；同时悬棺因高悬于水面之上，不易受到洪水威胁，也可避免野兽和其他人为因素的破坏，死者的灵魂可得到永久的安息。不可忽视的是，三峡地区的悬棺葬中出现了不少孩童的遗骨，如在巫溪县白鹿镇香树村的巫溪荆竹坝岩棺群中就埋葬有小女孩，同样是葬于悬崖峭壁之上。人们推测这一葬式带有"天神敬仰""灵魂飞升"的意味，但与纯粹的"祖先崇拜"有所区别，且含有对夭折孩童的悲伤，以及对灵魂观念的崇拜，这与其他地区的传统有很大区别。古时，人们一般认为早夭者不宜举行过于隆重和盛大的葬礼，也不能葬入家族祖坟，否则于家族不利，但在原始巫文化影响下的三峡地区则不然，并未区别对待早夭的孩童，这或许说明三峡先民对于灵魂的崇尚无关年龄。悬棺葬更多体现了原始宗教范畴的自然崇拜，反映了三峡先民对上天和高山的崇尚与憧憬。

可见，从史前时代步入夏商周时代后，三峡地区的巫文化依旧与原始宗教密不可分，鬼神信仰、万物有灵的思想继续流传。同时，由于新的政治制度的确立及社会生产力的进步，三峡巫文化也在发生改变，巫术逐渐和农业生产劳动相分离，巫师慢慢成为统治者的专属顾问，像商汤伐夏桀、盘庚迁殷、周武王伐纣、周成王迁洛等一系列关系到整个国家命运的大事，都是经过巫师问神来决定的。

秦汉以后，儒文化成为社会主流文化，巫文化逐渐转为民间的、底层的文化，秦汉时期生活在三峡地区的巴人的鬼神信仰较为特别，在延续廪君崇拜的基础上，吸收了周边地区关于灵魂的观念。例如，《后汉书·南蛮西南夷列传》载："廪君死，魂魄世为白虎。巴氏以虎饮人血，遂以人祠焉。"杀人洒血祭白虎成为巴人祭祖活动中规格最高、最隆重的一种仪式。在赋予虎、蛇等神的地位的同时，巴人灭掉了商代起就在三峡地区兴起的鬼国，同时吸收了鬼国中盛行的意识形态——灵魂不死、万物皆有灵魂，信奉鬼王、鬼帝、鬼帅、鬼官等。

同时，随着道教、佛教的兴起，巫的社会地位在不同时期发生了不同的变化。例如，三峡奇特险绝的自然环境和尚巫信鬼的习俗为道教崇拜奠定了地理与人文条件，与巫术相融合形成的五斗米道在三峡地区也发挥着深远影响。东汉顺帝时，张陵为发展道学，云游至岷江上游一带，求得自古好巫的羌族"鬼魔龙虎"巫师之助，学习降魔驱鬼的巫术，所谓"得咒鬼之书，为之，遂使鬼法"，后在大邑县境内的鹤鸣山创建"五斗米道"。五斗米道，亦简称"米道""鬼道"，其实是得氏羌之巫道和民间傩俗之精华。由此可见，道教在三峡地区的建立与当地巫文化具有一定渊源，后来许多半道半巫或道巫结合的庆坛、端公戏班也应运而生。至北魏太平真君年间，嵩山道士寇谦之在封建统治者的支持下，自称奉"太上老君"旨意，"清整道教，除去三张伪法"。从此，巫术又脱离道教，自成一体，再度走向民间，发展出"火神道"，又称"巫教"。[①]巫术崇拜脱离道教并随着历史的演进而继续变化，此时的巫文化已经与先秦时期有很大的区别了。

关于三峡巫文化的表现，可以从可视可触的物质符号体系、可知可感的精神文化体系和反映社会生活的行为制度体系三个方面进行分析。

巫山柳树村·陶执刀俑

其一，就可视可触的物质符号体系而言，三峡地区考古发现的许多文物都与巫有一定的联系。首先，大溪遗址中的部分墓主都装饰有大量的蚌环、动物牙齿等，这表明他们具有某种特殊身份。其次，巨型石斧、装饰繁复的陶响球，多未见明显的使用痕迹，很可能是巫术或祭祀用具；同时部分墓葬中随葬的小砾石、器物上的刻画符号，有可能与早期的巫术存在联系。最后，随葬品底部穿孔，人头墓、无头墓等证实了猎头习俗的盛行，表明灵魂观念在当时的三峡地区已深入人心。而太阳人石刻、动物性人面雕塑有可能反映了当时巫师的某些装扮。

其二，就可知可感的精神文化体系而言，巫术的概念

---

① 李禹阶，管维良：《三峡文明史》，重庆出版社 2007 年版。

在三峡地区出现以后，与之相关的意念也广泛渗入祭祀活动之中，反映了三峡人民对巫文化价值观的极高认同感。如三峡文物中的祈祷人物坐像，石质呈深黑色，人物蹲坐于圆形底盘之上，双足并拢，双肘放在膝盖之上，双手呈合掌之势，做祈祷状。该文物反映了巴族先民的原始信仰崇拜，其与巫术崇拜不无关系。秭归太阳人石刻则代表着三峡先民对太阳的崇拜，具有强烈的原始宗教气息。

其三，就反映社会生活的行为制度体系而言，巫文化影响着三峡地区社会生活的方方面面。如虎钮錞于属于铜鼓的一种，突出反映了三峡地区的礼乐制度。虎钮錞于上出现的图案主要是巴族巫、武精神的载体，虎图像反映了对祖先的崇拜，同时也起着沟通神人的作用。虎钮錞于上的纹饰与古代神话传说和渔猎巫术礼仪活动有关，鱼纹纹饰反映了古代巴人以渔猎为主要的生活生产方式，而船型符号与巴人的军事和祭祀活动有关，象征着"灵舟"与"建木"，在巫术中可作为沟通天地、人神以及生死两界的媒介。

巫术是巫文化的核心。巫师借助于各种法器、咒语或药物施展巫术，以达到与神灵沟通，卜问凶吉，降祸福于人间的目的。三峡地区的巫术与其他地方相比最明显的区别是占卜多于占筮。巫文化是从个体巫术发展到公众巫术的，在进入"国之大事，在祀与戎"的文明初期，公众巫术已经融入祭祀文化或转为祭祀文化的组成部分。[①] 但祭祀与巫术并不完全相同，虽都是试图与鬼神建立联系，但是正如上文所说，巫术是巫师通过一定的手段与鬼神等建立联系，而祭祀只是人单方面向鬼神表达自己的意愿；祭祀的根本目的是团结有生力量，而施展巫术的主要目的是解

---

① 陈来：《古代宗教与伦理》，生活·读书·新知三联书店 2009 年版。

决现下的生存困境。除此之外，巫文化有着极强的政治功用：巫文化的轴心是巫术，黏结剂是巫术观念，主导者是巫师，社会基础是笃信鬼神的民众，共同的信仰崇拜使族人凝聚在一起。在族群中，巫师是举行祭祀、驱祟除邪、卜问吉凶、医治病患时的重要角色，具有重要地位。许多部族首领身兼巫职，他们秉承神意，以巫术的魅力治理部族。《后汉书·南蛮西南夷传》记载巴郡南郡蛮，"未有君长，俱事鬼神，乃共掷剑于石穴，约能中者，奉以为君。巴氏子务相独中之，众皆叹。又令各乘土船，约能浮者，当以为君。余姓悉沉，唯务相独浮。因共立之，是为廪君"。廪君务相是巴人历史上很杰出的君主，也许是从他开始，深居大山的巴人族群才实现了统一，进入到部落联盟社会。务相之所以能掷剑于石穴，又能乘土船而不沉，或许正是有巫师相助，抑或务相实际上就是大巫。在落后的部落，巫术是凝聚部落的重要手段。

三峡地区巫文化的兴起和繁盛也深刻影响了周边蜀地和楚地的物质文明、价值取向和行为制度。就临近的蜀地而言，比三星堆文化更早的时期，蜀地就接受了三峡地区的巫文化崇拜，并对其进行本土化改造，形成具有等级制度的统治体系。成都地区卜用甲骨绝大多数出土于一般性遗址，钻凿形态带有一定随意性，甲骨占卜术主要是在一般民众中流行。而古蜀国上层统治集团则通过在大型礼仪中心举行的巫术仪式实现与神灵的交流，蜀王本身就是群巫之长，为大巫。三星堆出土的青铜立人像很有可能就是对当时巫师形象的复刻，而上刻人首和可以升天潜渊的鸟、鱼纹饰的金杖，就是神杖，亦即法杖，它显然就是蜀王实施交感巫术以便直接与神灵沟通的工具。这充分反映了巫文化对三星堆文化的影响。

三星堆遗址·青铜立人像

　　三峡地区在图腾崇拜和神灵信仰上具有非常独特的取向，这深刻影响了楚地的艺术创作。巫巴山地是古代巫文化的发祥之地，夏商以来巫咸等著名巫师皆出于此，巴人的巫教信仰源远流长。楚人崇巫、楚地巫风之昌盛，显然是受巴人巫术信仰的强烈影响。巴人祖先为太皞氏（伏羲），即太阳神，三峡地区巴东雷家坪遗址、中堡岛遗址中都出土了罕见的太阳纹陶片，秭归东门头遗址出土了中国最早的"太阳人"石像，这表明巴人、楚人皆崇拜太阳，也反映了三峡地区的巫文化在很早的时期就已经对楚地产生广泛的影响。日神、山神、司命神等皆是巴、楚两族共祀之神，可以说，《九歌》乃是巴楚文化相互融合之结晶。廪君巴人以白虎为图腾，虎既是祭祀之神，亦是保护神，考古出土的巴人青铜兵器上特殊的虎纹以及虎钮錞于等，便是巴人图腾之象征。崇虎虽为巴俗，但也渗透入楚文化之中，楚地丝绸上常见的"凤龙虎戏斗"图案，漆木器"虎头枕""虎座飞鸟"等，皆是崇虎文化之反映。至今仍在三峡地区广泛流传的丧事活动"跳丧鼓舞"，明显体现出对虎图腾文化之传承。"跳丧鼓舞"的舞蹈语言全部是模仿虎的各种动作，可见巫文化背景下，巴人的虎图腾信仰已深深融入巴楚民间风俗之中。

三峡地区巫文化遗产种类繁多，内涵丰富，它们源远流长，并因该地区的特殊地理与人文环境而较好地保留至今。远古巫文化之所以能经过漫长岁月的积淀，以不同方式渗透到人们社会生产和生活的各方面，外化为特定的习俗和规范，就是因为三峡地区特殊的生态为巫文化独特的功能发挥提供了生命力。

三、三峡巫文化在长江巫文化中的地位及作用

在文化的早期创造与传播方面，巫文化一直发挥着重要作用。巫文化是人类童年时期的原始文化，是上古文化的中坚。即使人类进入文明门槛，文明日益取代蒙昧与野蛮，巫师也并没有停止文化的创造，比如农业祭祀，再如调动鬼神之力为人消灾、解梦、祈寿、驱邪等。

中华文化屹立于世界民族之林，历史悠久，文化多元，巫文化的表现也较为复杂。从华夏大地的范围来看，黄河

流域与长江流域同为华夏文明的摇篮，如果将华夏南北文化的形态进行比较：史官文化在干燥而晴朗的北方平原占着统治地位，其威严、庄重，以治人为主线，关注社会秩序、集体行为，其艺术亦倾向于"兴观群怨"的政治化、现实性，在"观民风"之中更具模仿的特点；长江文化素以神巫文化为核心，三峡地区则是长江巫文化的源头和核心地带。三峡地区的峡谷坡陡浪急，山高林深，人迹罕至，加上巫山云雨，神秘莫测，往往使当地居民易于产生和接受巫鬼信仰。如前所述，《山海经》中的巫咸国很可能就在今天的巫山、巫溪一带，巫文化是三峡地区土生土长的古老原始文化之一，而巫山、巫溪一带正是其重要发祥地。早在新石器时代，三峡地区的巫文化就以原始宗教的形式出现。从新石器时代到夏商周时代，三峡地区的巫风愈浓，尤其在不同区域的交流增多以后，三峡地区的巫文化更是作为一种神秘主义的信仰文化逐渐流传到其他地区。在很多少数民族中，巫师一直很活跃，承担着创造文化的任务，巫文化是民族文化中的异彩。

　　长江流域是天然盛产巫文化的地区，但其较广的流域范围也使得巫文化呈现出多元特征。如蜀人中一般流行甲骨占卜术，但核心统治集团不用甲骨占卜，而是通过仪式，使用隆重的交感巫术。这种交感巫术需要巫师来实施，而蜀王本身可能就是群巫之长，为大巫。施展巫术的最终目的在于现实生活，因此巫术实际上是蜀人借以了解并控制自然界和社会上各种事件、事物的一种方式。又如滇黔山区山大林密，少数民族多，巫术纷繁是其巫术文化的突出特点。云南的彝族以虎为图腾，巫师披虎皮，以虎象征权威，并认为虎皮可以避邪。贵族死了则以虎皮裹尸，企盼死后化为虎。另外，云南、贵州的一些村寨都流行巨石崇拜，这些崇拜非常古老，村民们把那些天然的、巨大的、不知从何而来的石头当做神物。村民认为这些石头关系一村之安危，任何人不得践踏和敲打。这些大石是守护神，它的坚稳象征着村子的平安。如果石头像金元宝、像虎、像男性生殖器，村民更是将之奉为神明。

再如江浙巫文化，以古越人尚鬼为特征，越王勾践灭吴的国策之一就是尊天事鬼。江浙的巫术文化可以追溯到很早。1958 年前后，考古人员在江苏南京市内北阴阳营发掘出新石器时代的文化遗址，其墓葬中有天然花石子随葬，有的石子放在人的口中，原始宗教意味明显，据此推断当时已有巫文化存在。1987 年，考古人员在江苏新沂花厅遗址发现一串属于良渚文化的玉项饰，周长 92 厘米，重 145 克。专家们认为它不单是装饰品，而可能是掌握祭祀大权的巫师在作法时披带的法器，墓中的主人或许就是大巫师，或许是掌握沟通天地的能力的首领，玉项上有兽面纹，实是一种神徽。1987 年，考古人员在浙江余杭瑶山发掘出属于良渚文化的祭坛遗址，面积约 400 平方米，有红土台，猜想当年巫师就是站在红土台上施展巫术的。

对比而言，三峡巫文化具有独自发展的文化轨迹，在特定的自然条件下有相对的封闭性。从相似性上来看，三峡地区与滇黔地区同样具有山大林密、少数民族较多的特征，高山巨壑阻挡了与外界的沟通和交流，使域内居民得以在相对封闭和独立的环境中维系本民族的传统信仰习俗，二者甚至都存在过对虎的崇拜和对巫舞的热爱。其不同者有三。一是三峡巫文化明显吸收了蜀文化、楚文化的特点。二是三峡巫文化与道教、佛教关系密切，道文化问世之初就与三峡巫文化相互依存。三是三峡地区生存有众多部族，多元文化的交汇融合对其形成特定巫风有着重要作用。

四、三峡巫文化是中华巫文化的缩影

中国的原始巫文化是中华民族人文性的重要来源之一。原始巫文化形成于先民试图寻求外界力量解决生活与生存困难之际，相较于在精神层面起作用的神话体系和图腾崇拜，其在中国初民的生活中实用性更强，对民族生活习俗的影响更为深远。对死亡的恐惧是促使巫文化诞生的重要原因之一，在原始社会，巫文化解决的重要问题大多与生死存亡相关。在巫文化的影响下，古人对死亡的迷茫与恐惧化作对"灵"与"魂"的服侍与崇拜。

中华巫文化发生于原始社会，发展于奴隶社会，逐渐没落于封建社会。三峡地区是中华巫文化的发源地之一，三峡巫文化作为中华巫文化的缩影，在数千年的大浪淘沙中，其糟粕被遗弃，精华则被纳入中华正统文化之中，影响到宗教文化、文学、艺术、民俗、医药、饮食等方方面面。

据文献记载与考证，结合古人类生存和发展必然产生原始宗教与信仰这一规律，以及巫山、巫溪一带有古人类渴求的食盐和丹砂两种重要物质分析，巫山、巫溪一带应是中国巫文化的发源地。该地区有得天独厚的地面盐泉、丹砂资源及丰富的珍贵药材，以及水源、气候等方面的优越条件，具备了人类早期聚居繁衍和社会文化诞生的物质条件。伴随着古人类的生存和发展，原始宗教与信仰产生了。以原始感知为特征的巫文化，是三峡原始文化中最具特色的组成部分。

三峡巫文化作为中华巫文化的缩影，对中华文明的建构有着不容忽视的作用。一是巫文化在一定程度上规范了人们的行为体系，使人们能够在艰苦的自然环境中基于原始的道德观念而繁衍生息，促进了聚居地乃至部落的扩大。二是巫文化缔结了共同的信仰，加强了族群内部的向心力，客观上促进了大一统国家格局的形成。三是在文化的创造与传播方面，巫文化一直发挥着重要作用，即使在人类迈入文明门槛后，文明日益取代蒙昧与野蛮，巫师也没有停止文化的创造，他们一直很活跃，继续承担着推动文明前进的任务。

五、三峡巫文化的时代价值

高国藩先生曾说过："不懂中国巫术就不能理解中国文化。"[①] 中国巫术内容丰富复杂，具有漫长的流变史。从某种意义上来说，巫文化是我国传统文化中延续时间最长、内容最为丰富的重要组成部分，并对我国的文学、艺术、天文、医学、音乐、舞蹈乃至人们的思维方式和价值观念都产生了深刻的影响。先秦时期，三峡地区巫文化盛行，巫师具有极高的地位，对当地社会的方方面面都产生了广泛而深刻的影响。巫术活动为很多文明因素的创造和积累作出了不可或缺的贡献，巫师曾在古代中国掌握政教大权和祭祀、占卜、医药、文艺等技术与知识。尽管秦汉以后，巫师的政治地位迅速降低，但是这并不代表着巫术活动的隐退和止息。其对社会的影响力虽然有所降低，但仍然没有失去生命力。

在三峡地区进入大一统社会以后，巫师和传说中的巫术渐渐失势，但三峡巫文化给三峡地区带来的影响并没有完全消逝，始终以各种不同的方式在不同的地方发挥着它的作用。

---

① 高国藩：《中国巫术通史》，凤凰出版社2015年版。

一是巫术活动的影响已渗透到各地民俗的多个领域。巫术活动对客观世界和人类思想的影响都是通过一定的仪式实现的，任何形态的巫术活动都与仪式有着不可分割的联系。巫术活动作为一种仪式活动，其活动的过程就是它营造虚拟世界的过程，参与者也正是通过营造这样一个虚拟的世界，来满足自己求福消灾的心愿。巫音、巫舞、傩戏等许多包含巫元素的民俗文化活动、节日庆典活动仍在焕发勃勃生机。

二是三峡巫文化推崇的万物有灵的自然观、哲学观与宇宙观，在三峡地区激生出活泼灵动、飘逸自由的审美观念，这对于先进的艺术创作有着极佳的启发作用。一个国家的历史也是居于其中的国民的观念史，包括三峡巫文化在内的各种地域文化对塑造整个中华文化都曾有非常重要的作用。三峡地区的巫文化不仅塑造了远古时期三峡先民的价值取向，在困苦的生活中给予他们希望和念想，还传播到川蜀地区而刺激了蜀文化中等级制度的产生，发展到荆楚地区而勾绘了楚文化中浪漫主义的底色。因此，在新时代重新发现三峡巫文化的价值不在于如何复兴它或承袭它，而是在于要充分认识到，其蕴含的自然观、哲学观与宇宙观，对中华民族多元一体格局的形成与发展具有重要贡献。

巫文化在我国五千年文明史的发展中始终存在，古老的中国曾是巫风炽盛的国度。古代的巫术活动在客观上促进了我国古代科学文化知识的传播和发展，对发展我国古代的文化、政治、军事、天文、音乐、舞蹈等，产生了重要的作用，浓厚的巫术意识更是深刻地影响着中国古人的思维方式和价值观念。

第七章　三峡文化的内外交流融合

　　各地民族的融合，使得巴文化从诞生那天起就似乎带有先天的文化包容性。这种先天的文化包容性在后来的历史发展过程中又得到进一步的发展：三峡地区这个"相对独立的文化区"处于中国南北文化的交汇地带，长江及其众多支流都在此穿行而过，先民的迁徙、战争带来的移民、历代文人的贬谪流徙等使得北方的中原文化、秦文化和南方的川蜀文化、荆楚文化、滇黔文化都不同程度地渗入和影响过三峡地区的文化。先秦时期，三峡文化与从关中地区南下的秦文化就有过交融，秦汉时期，其与中原文化的融合大大加快；三峡文化和川蜀文化、荆楚文化的交流更是塑造了巴蜀文化独特的文化面貌。

第一节　从巴文化到"巴蜀文化"：
三峡文化的西进

　　巴、蜀本为两个相邻的古方国，但由于各自始源不同，自然环境存在较大差异，所以在文化的诸多方面存在差异。然而，两个相邻古国之间又有着千丝万缕的联系，特别是秦并巴、蜀之后，巴、蜀作为方国的历史结束，一同接受中原文化的影响，彼此间的交流更加频繁。在长期的互动中，巴、蜀文化互相影响，在保留各自独特性的基础上，共同推动这一地区的发展与繁荣，共同构成了区别于其他大的区域文化的独特文化圈，同时也共同推动了中华文明多元一体格局的形成。巴文化和蜀文化之间的交融体现了三峡文化的西进。

一、蜀文化的起源与特征

根据《华阳国志·蜀志》记载，蜀族大概源自氐羌。关于蜀人的最早传说，多发生在今岷江上游，这些地区自古以来为氐羌活动之地，这与传说是三苗后裔的巴人明显不同。

蜀人据说是黄帝后裔。《世本》明言："蜀王每世相承，为黄帝后。"《史记·五帝本纪》："黄帝居轩辕之丘，而娶西陵之女，是为嫘祖。嫘祖为黄帝正妃，生二子……其一曰玄嚣，是为青阳，青阳降居江水；其二曰昌意，降居若水。昌意娶蜀山氏女，曰昌仆，生高阳。"《索隐》注："江水、若水皆在蜀，即所封国也。"《华阳国志·蜀志》曰："至黄帝，为其子昌意娶蜀山氏之女，生子高阳……封其支庶于蜀，世为侯伯。"据任乃强《华阳国志校补图注》，"西陵"即汉武帝时期设立的蚕陵县，东晋时已撤销，故城在今四川阿坝州茂县之叠溪，正是岷江发源地。可见黄帝正妃嫘祖及其子昌意之妇皆为蜀人。他们的嫡系多为帝王，庶系则为蜀王。而巴人源于伏羲氏，在祖先世系上与蜀人有显著的差异。

在图腾崇拜上，蜀人崇拜蚕、鸟。蜀人最早的图腾应为蚕，如前文所述，蜀王乃黄帝庶系后裔，而黄帝正妃嫘祖就是蚕神，且是西陵人。《路史·后纪》云："（黄帝）元妃西陵氏曰嫘祖……以其始蚕，故又祀先蚕。"直到南北朝时，蜀地尚有"祭奠先蚕西陵氏神"（《文献通考·郊社考》）的风俗。《说文解字》释蜀曰："蜀，葵中蚕也。从虫，上目象蜀头形，中象其身蜎蜎。《诗》曰：'蜎蜎者蜀。'"段玉裁注曰："葵，《尔雅·释文》引作桑。"明天启《成都府志》云："蚕丛初为蜀侯，后称蜀王，教民蚕桑，俗呼青衣神。"蜀人对鸟的崇拜从蜀王杜宇死后魂化杜鹃鸟的传说可以窥见一斑。巴人虽也崇拜鸟，但其图腾形象多为吃鱼的水鸟，有清晰的水文特征，和蜀文化中的鸟崇拜有很大区别。

二、三峡文物中体现的巴蜀文化互动

族人迁徙与疆域扩张开启巴、蜀互动的序幕。简单来说，巴人和蜀人相向而行，逐步会聚到一起。关于巴人的迁徙路线，一般认为其沿汉水、峡江进入四川盆地东部、中部和东北部，总体的迁徙方向是由东往西。关于蜀人的迁徙路线，一般认为其是沿蜀山（岷山）河谷逐渐迁徙至成都平原，总体的迁徙方向是由西往东。关于巴文化的地域范围，《华阳国志》表述为："东至鱼复，西至僰道，北接汉中，南极黔涪。"大致为北起汉中，南达黔中，西起川中，东至鄂西。关于蜀文化的地域范围，《华阳国志》表述为："东接于巴，南接于越，北与秦分，西奄峨嶓。"传说在蜀王杜宇时期，蜀国疆域有所扩大："以褒斜为前门，熊耳、灵关为后户，玉垒、峨眉为城郭，江、潜、绵、洛为池泽；以汶山为畜牧，南中为园苑。"这一疆域已相当广大，大致北到今陕西勉县，南达今川滇黔交界地区，东至茂县、松潘。及至开明时代，蜀国的疆域还有新的扩展。巴、蜀山水相连，大抵前期巴、蜀分治，后期蜀国更强大，兼并了部分巴地，这也就是蜀国丛帝（鳖灵）能到峡江地区去凿巫峡的原因。"时巫山峡而蜀水不流，帝（杜宇）使鳖令（鳖灵）凿巫峡通水，蜀得陆处。"又《史记·楚世家》载楚肃王四年（前 377 年），"蜀伐楚，取兹方。于是楚为扦关以距之"。"兹方"，即荆州松滋地区的古鸠兹，"扦关"在原巴郡鱼复县（今重庆奉节）。蜀人能够出入三峡，攻击楚国，说明这时的蜀国实际上或已控制巴国。

巴、蜀自然生态上的互补交融为其文化交流提供契机。巴地以丘陵和山地为主。由于山多、山高，土地贫瘠，加上不时的旱灾，巴地自然条件相对较差，靠天种地、靠天吃饭成为一种必然。蜀地以平原和浅丘为主。史前时期的成都平原并不宜居，岷江总落差几千米，每到雨季，成都平原常常沦为泽国。而从大禹治水开始，蜀地先贤圣哲，如古蜀时期的开明氏，秦汉时期的李冰、文翁等，无不勠力治水，成都平原最终因受益于都江堰及其灌溉工程，而成为"水旱从人，不知饥馑"的"天府之国"。巴与蜀虽有自然生态方面的显著差异，但巴蜀地区丰富的长江水系将两地紧密地连在一起，长江成为两地的自然联系纽带，是以历史上巴、蜀又常常难以区分，连成一体。人们常说巴山蜀水，确非虚言——山是巴之魂，水是蜀之灵；水润天府，山育巴国。山水是巴蜀文化的根脉，从这个意义上说，天府文化（蜀文化）离不开巴文化，反之，巴文化也天然地蕴含了天府文化（蜀文化）的因子。

常言道，一方水土养一方人。自然条件的差异决定了巴蜀两地文化生态的差异。比如巴人勇武，《华阳国志》有言："阆中有渝水，賨民多居水左右，天性劲勇。初为汉前锋，陷阵，锐气喜舞。帝善之，曰：'此武王伐纣之歌也。'"而蜀人自古就形成了浓厚的仙化思维，古蜀王朝的统治者大都有仙化的传说。《蜀王本纪》载："鱼凫田于湔山，得仙，今庙祀之于湔。"鱼凫之后，又有杜宇魂化杜鹃鸟的传说。《华阳国志》这样描述:"帝(杜宇)遂委以政事,法尧舜禅授之义,遂禅位于开明。帝升西山隐焉。时适二月,子鹃鸟鸣,故蜀人悲子鹃鸟鸣也。"据说后来的开明帝也升天化为开明兽。这些飞升幻化的传说均是蜀人仙化思维的具体表现。这种思维特性使蜀人喜欢想象,追求浪漫。三星堆遗址、金沙遗址出土了各种青铜器、金器、玉器,其夸张、充满想象力的造型给世人留下了非常深刻的印象。

巴蜀一武一文的禀赋特质,进一步强化了两地文化生态的差异。古代很早就有"巴有将,蜀有相"之说,这是有渊源的,也是有现实基础的。总的来说,巴、蜀文化生态有恰好互补的关系。首先,巴地因为自然条件并不优渥,有的地方甚至相当恶劣,所以其人思变意识较为强烈,善于创新;而蜀地自然条件比较优越,在求变这一方面不如巴人,但蜀人乐于接受新事物,并善于对其进行本土化改造。其次,同样是因为自然条件的差异,巴人崇尚苦干,吃苦精神了得;而在蜀地,"安逸"成为一种地区文化特色。再次,巴地山路多,太阳烈,故养成巴人风风火火的特性,做事讲求效率;蜀地气候宜人,到处是平畴沃野,蜀人较之巴人要显得温和一些,做事追求稳妥。最后,同样是受自然条件和经济发展水平的影响,巴人普遍崇尚节俭;而蜀地因为条件相对较好,历史上有"蜀人尚奢"的说法。

巴蜀两地虽然因不同的禀赋特质形成文化异质,但若将其放在整个中国这一范围中来看,巴、蜀两地又显示出较高的同一性。巴蜀两地在长期的交流互动中,形成了许多具有共性的文化现象,如巴蜀饮食文化、养生文化、诗歌文化、建筑文化、祭祀文化、园林文化、戏曲文化等。

三峡地区是巴文化的摇篮,又是巴文化与蜀文化的交汇地。蜀文化中的三星堆文化就曾以三峡地区作为通道，辐射影响巴文化地区及其周边地区。巴文化和蜀文化根植于完全不同的自然环境之中，又因为地理的相近在长久的交流与融合中同步发展，形成亲缘相近又各具特色的文化面貌。

"巴蜀文化"这一概念最早见于1941年《说文月刊》中卫聚贤的《巴蜀文化》一文，学术界习用至今。[①]巴蜀文化，是古代巴、蜀两族人民在特定的自然地理环境、特定的历史时期共同创造的宝贵文化遗产，可从物质符号体系、精神文化体系以及行为制度体系三个方面了解其形成过程及主要特征。

就物质符号体系而言，各地出土的三峡文物充分展现出蜀文化对巴文化的影响，在巴、蜀两地文化交流中，蜀文化占主导地位。

早在旧石器时代晚期，四川盆地及其西部边缘，就生活、繁衍着活动范围、经济生活、文化面貌都不尽相同的原始的狩猎采集游群，这些游群规模不大，以临时营地为聚落，居住在简陋的、临时性的建筑里；而旧石器时代在三峡地区活动的文化游群也有很多，从历时性来看，其居住地点呈现出由高到低的特点，时代越早，居住的地理位置越高，越靠近江岸；时代越往后，居住的地理位置越低，越远离江岸。这说明史前时期巴、蜀两地都来访过一代又一代的原始狩猎采集游群。三峡境内的奉节鱼复浦遗址出土了12处按一定规律排列的烧土堆（内有烧石、烧骨）及大量石、骨标本，证明那里曾是史前游群的聚居地，至少

---

① 薛登：《"杜宇禅位"与"巴人灭蜀"——蜀史探源之一》，《成都大学学报（社会科学版）》1988年第1期。

有先后两个游群在那里活动居息，肢解捕获的猎物，制作食物，修整工具。从这一角度而言，巴、蜀两地的互动远比目前遗存所能证明的要早，同时也反映出四川的古文化在诞生之初就具有开放性特征。

新石器时代晚期，巴文化与蜀文化的交流有了更加充分的证据：忠县哨棚嘴文化与川西高原岷江流域的营盘山遗存存在密切关系；大溪遗址出土器物的造型特点与广汉三星堆、成都羊子山祭祀台等遗址出土器物基本相同。

夏代至商代，哨棚嘴遗址出土的小平底罐、高柄豆、灯形器、鸟头勺等器物与三星堆遗址相关出土器物高度相似，尤其是在青铜器物的打造上可以明显看出三星堆文化对哨棚嘴文化的显著影响。可以这样说，哨棚嘴文化是三星堆文化与三峡文化结合的典型代表。而商代中期至西周早期的石地坝文化与成都平原十二桥文化在小平底罐等器物的制造上较为类似，应是互相影响的结果。从青铜文化的发展来说，三星堆文明是远古时期四川盆地及周边地区各族人民共同创造的伟大成果，其首领巫师的雕像形象塑造很可能受到了三峡巫文化的影响。据文献记载，古蜀文化的开创者来源于岷江上游地区；而四川盆地以北的陕南地区、四川盆地以东的三峡地区和四川盆地以南的大渡河和青衣江流域是三星堆文明辽阔的空间构架中一个个重要的战略支撑点。这些都表明三星堆文明的创造，一方面是古蜀文化持续高度发展的结果，另一方面也同其文化因素的多元性来源分不开。

战国秦汉时期巴蜀制陶业快速发展，种类丰富，制造精湛，其中最为突出的是陶俑和画像砖。汉代巴蜀陶俑（又名"川俑"）多用作陪葬品，俑的种类十分丰富，其中最为精湛的是各种乐舞俑，其陶质多为细泥红陶和细泥灰陶，制造工艺先进，造型丰富，形态生动。巴蜀陶俑造型是对汉代现实社会中人群面貌的再现，反映了巴蜀地区社会生活的各个方面，具有极高的历史价值。两汉时期是陶俑发展史上的高峰，在融合了多种地域文化的大一统环境下，汉代陶俑的风格从秦代的写实过渡到写意。与洛阳、咸阳、徐州等地出土的西汉陶俑主要呈现宫廷生活的宁静、悠闲不同，巴蜀陶俑有着独具一格的艺术审美和人文情怀，重在描摹巴蜀地区各行各业的人们的世俗生活，展现人们对生活的热情，呈现出喧闹和快乐的气氛。成都天回山东汉崖墓出土的东汉击鼓说唱陶俑历来被看作"汉代第一俑"，其活泼欢欣的艺术风格也被当作巴蜀陶俑的典型风格。东汉中期以后，陶俑成为巴蜀文化圈内最常见的随葬品，以成都平原地区"陶俑出现最早，俑类最为齐全，数量最多，制作最精美，形体最高大，陶俑最为盛行"，而三峡地区的"陶俑出现和流行晚于成都平原，数量和种类很多，形体略小，但该区域有一些俑类为其他区域所不见"。①此外，巴蜀地区出土的汉代画像砖、画像石，数量多，题材广，内容丰富，技法多样，在全国同类出土文物中颇有影响。在巴蜀文化艺术门类中，汉代画像砖、画像石也是最具地方特色的精品，它以现实主义的创作风格，奠定了中国艺术创作发展的基础，具有不可替代的艺术价值。

就精神文化体系而言，巴、蜀两地的精神文化交流对双方互有影响，巴文化与蜀文化平分秋色。

首先，巴蜀图符在川西平原、三峡地区的大量出土，说明巴、蜀两族文化的近似性在先秦时期就已经达到了相当的高度。这种巴蜀图符近似方块字，但偏旁结构与汉字

---

① 索德浩：《四川汉晋陶俑的初步研究》，《考古学报》2018年第1期。

有别，难以释读，这证明它很可能是一种不同于汉语古文字的文字。巴蜀图符往往铭刻在巴蜀青铜器、漆器和其他器物上，不论出现在哪一件器物上，每一种符号的基本形态均较为一致。巴蜀图符的物质载体都是典型的蜀文化器物，因此这些方块字无疑是蜀人智慧的结晶。无论是川西平原、四川盆地东部还是湘西地区所发现的巴蜀图符，都发源于蜀。四川盆地东部的巴人使用巴蜀图符，当与蜀地稻作农业文化向四川盆地东部的传播有关，而文字的传播应稍晚于农耕技术的传播。巴人从汉水上游地区向四川盆地东部迁徙，其时间在春秋战国之际，正与巴蜀图符在巴地出现的年代基本吻合，这说明是巴人借用蜀人的文字及其构字方法，而不是相反。源自蜀地的巴蜀图符在巴地的传播与使用，反映了巴、蜀两地交流的频繁，同时也体现了巴人对蜀人的符号体系及相应价值体系的认可。

其次，巴、蜀两地出土的船棺葬反映了巴人的精神信仰文化对蜀人的影响。从巴地冬笋坝遗址的考古发掘来看，其流行船棺葬的时间从战国跨越到东汉。四川金沙遗址和成都商业街船棺葬遗址中均有船棺葬出土，其发生时间要晚于冬笋坝遗址，但丧葬用具与冬笋坝遗址基本一致。可以想象，蜀地的船棺葬习俗是从巴地传入的。与船棺葬同时西入蜀地的还有巴人的精神信仰文化，根据《华阳国志》记载，蜀王蚕丛入葬时用的是"石棺""石椁"，等到开明氏从荆、巴之地逆水而上抵达蜀国，通过成功治水成为蜀王后，蜀地才渐渐流行船棺葬。巴族是一个生活在水边、熟悉水性的部族，他们造船航行、驾舟捕鱼，战斗时经常发生水战，死后便以船为棺，这反映了巴人精神信仰和泛灵崇拜的一致性。而蜀人久居平原，其采用船棺葬显然是因为其吸收了巴人的精神信仰文化。

最后，巴、蜀两地都出土有东汉时期的青铜摇钱树（又称青铜神树），这反映了两地宗教文化的交流。青铜摇钱树是东汉初期至蜀汉晚期流行于以四川盆地为中心的西部地区的一种特殊陪葬物。三星堆二号祀坑出土的青铜神树，可复原者有两棵，一大一小，大神树高近4米，树座呈圆形，有的座上还有面向外下跪的青铜武士。树上除了繁盛的树枝、花朵，还饰有飞禽、悬龙等。

青铜摇钱树诞生于蜀地，本为道教之物，佛教传入中国后，青铜摇钱树与佛像结合形成的新型青铜摇钱树，携带着道教、佛教两种宗教信仰从川西平原传入三峡地区。三峡地区出土的东汉中晚期至魏晋时期的青铜摇钱树大都铸有铜佛像，这些佛像的铸造位置及整体形态与蜀地青铜摇钱树基本类似，即均铸造于青铜摇钱树树干之上。而重庆丰都县镇江镇槽房沟出土的铜佛像，残高5厘米，被证实为四川绵阳出土的青铜摇钱树的一部分。

丰都汇南墓群·东汉陶辟邪摇钱树座

忠县老鸹冲墓群·东汉绿釉摇钱树座

作为一种带有鲜明地域文化特点的标志性文物，三峡地区发现的以青铜摇钱树为载体的铜佛像反映了三峡地区受到了以四川盆地为中心的西南钱树文化的深入影响，相关器物的年代早至东汉中期，这证明了早期佛教在巴蜀地区的传播甚广，且三峡地区在汉晋时期就与川西平原存在较为密切的交流往来。

就行为制度体系而言，巴人日常生活的方方面面都受到蜀地较高的技术文明的影响，而巴蜀两地兴盛的盐业贸易进一步刺激了两地的文化、商业交流。

据古籍记载，大概自杜宇以后，蜀地的农业得到了极大的发展，成都平原在此时期成为长江上游文明的中心，巴地也深受其惠，先进的农耕技术、养蚕技术和织锦技术逐步传入巴地。同时，对于远离海洋的蜀地而言，巴地的盐业文化对其社会经济生活有很重要的影响，如前所述，巴式尖底杯曾随着盐业贸易传入川西平原。

此外，在远古先民的生活中，祭祀是一种盛大而重要的群体活动，宗教仪式不仅是人们借以同神灵沟通的形式，它同时还具有维系并强化人们之间的社会关系，巩固人们统一的宗教意识，稳定现存社会秩序，强化神权和王权统治等作用。先秦时期，蜀地有多个大型祭祀中心可供举行各种大规模的宗教仪式和祀典，三星堆古城是其中最重要的一处，其兴建于殷商晚期并被持续使用到战国时代，三星堆祭祀坑出土的文物将该地作为大型祭祀中心的性质表露无遗。成都羊子山祭祀台遗址的规模同样宏大，是殷商晚期至秦灭蜀之前蜀人的又一处重要的祭祀中心。规模宏大的祭祀场所反映了蜀人对祭祀的重视以及其中不言而喻的政治意义，巴文化中朴素的祭祀仪式与此迥然不同。巴人在祭祀中更倾向于寻求庇护，政治意味较少，其祭拜也较为随意，不拘泥于形式，一般就以随身携带的青铜兵器作为祭祀用具。

巴、蜀两地的艺术生活也同时存在共性与差异性。三蜀之地，素以奢侈著称，其人多溺于逸乐。自汉代以来，巴蜀地区的歌舞文化相当兴盛。此种风气，历两晋南北朝而无所变化，杜甫曾盛赞成都音乐："锦城丝管日纷纷，半入江风半入云。此曲只应天上有，人间能得几回闻。"这说明唐代成都流行管弦乐，且多呈现出欢乐热闹的气氛。而巴地歌舞与楚风更为接近，多采用铃、鼓等打击乐器以加强节奏，这与蜀地有所不同。入唐以后，夔州竹枝歌的兴起给三峡地区带来了别样韵味，竹枝词一度在今重庆市万州区、开州区等地区流行，每到祭神之时，"邪巫击鼓以为淫祀，男女皆唱竹枝歌"，还有人手持竹枝或花枝踏歌起舞。竹枝歌的节奏较为舒缓，歌声悠扬。

三、巴蜀文化的时代价值

巴、蜀本为两个相邻的古方国，但由于各自始源不同，自然环境存在较大差异，所以在诸多方面存在差异。然而，这两个相邻的古国之间又有着千丝万缕的联系，特别是自秦并巴、蜀之后，两地交流更加频繁。在长期的互动中，巴、蜀两地文化彼此渗透，在保留各自独特性的基础上共同推动着巴蜀地区的发展与繁荣。不仅如此，巴蜀文化还推动了中华文化多元一体格局的形成与发展。因为秦并巴蜀之后，巴蜀地区成为秦国的大后方，为秦并六国奠定了坚实的基础。正是有了巴蜀地区的支持，秦国才能完成统一大业，中华民族的历史才成为今天我们所看到的模样。

2020 年 1 月 3 日，习近平总书记主持召开中央财经委员会第六次会议并发表重要讲话，专题部署推动成渝地区双城经济圈建设。2020 年 10 月 16 日，中共中央政治局召开会议，指出推动成渝地区双城经济圈建设，有利于形成优势互补、高质量发展的区域经济布局，有利于拓展市场空间、优化和稳定产业链供应链，是构建以国内大循环为主体、国内国际双循环相互促进的新发展格局的一项重大举措。

要建好成渝地区双城经济圈，在坚持以经济建设为中心的同时，必须大力发展先进文化，实现双城经济圈的全面协调可持续发展。习近平总书记在推动成渝地区双城经济圈建设的工作部署中特别提出，要支持重庆、成都共建巴蜀文化旅游走廊。成立巴蜀文化联盟，对于打造成渝地区双城经济圈地域文化地标、大力提升经济圈文化软实力具有非常重要的作用。

首先，巴蜀文化中相近的物质符号体系有利于构建巴蜀文化旅游走廊。巴蜀两地的物质符号相近，便于设计具有文化差异性和独特性的文化旅游主题，加之两地地理位置相近、旅游资源丰富，通过整合两地优势旅游资源，不仅能更好地满足两地人民的精神文化需求，还能促进两地消费提质扩容，推动两地基础设施建设。协同打造巴蜀文化旅游走廊既是对巴蜀文化文脉的延续，也是面向未来、实现成渝地区双城经济圈文化旅游一体化的重要途径。

其次，巴蜀文化的精神文化体系所具有的同一性和独特性可供成渝双城经济圈开展文化产业及公共文化服务。成渝两地文旅部门在重大文旅项目、精品线路、公共服务等方面可深入开展双城工作，如筹建巴蜀文化艺术传承创新区、川渝剧本创作孵化基地等。其还可在人才培养与学术资源整合方面协同发力，联合培养双城人才，为推动双城建设积蓄力量。2020 年 5 月 12 日，由重庆大学和四川大学牵头的成渝地区双城经济圈高校联盟成立，20 所高校发布了《成渝地区双城经济圈高校联盟成立宣言》。

最后，巴蜀文化独特的行为制度体系启示建设成渝双城经济圈要探索多种融合模式，如"资源—产品—市场"旅游融合模式等。两地政府可成立具有行政管理职能的景区管理机构，全面负责景区的规划、建设、管理及保护工作，伴随着联动机制的完善，旅游企业可逐步介入景区旅游开发工作，以市场化方式运作景区。不过，由于双城经济圈涉及两个省级行政区（四川省、重庆市），在合作成立管理部门的过程中，要充分考虑行政运行管理的问题，在地方立法、执法等方面需要谨慎考虑。

第二节 从巴文化到"巴楚文化"：三峡文化的东拓

三峡地区既是我国古代巴人的活动区域，也是早期楚人的重要活动区域。[1] 通过三峡地区出土的遗物来看，巴文

---

[1] 刘前凤，陈智理：《三峡地区巴、楚文化的考古研究》，《长江师范学院学报》2013 年第 5 期。

化、楚文化相互渗透的现象十分明显，在三峡地区巴人活动的区域里，考古发现的遗存经常包含楚文化元素。尤其是在三峡地区的东部，"似巴非巴、似楚非楚"的文化现象十分突出，直至 20 世纪 80 年代，古代巴人、楚人混居之地——宜昌的一批学者明确提出了"巴楚文化"这一地域文化概念。① 巴楚文化的产生自有其地理和历史渊源，巴楚两国一衣带水，长期互为近邻，时而友好结盟、时而相互攻伐，在这漫长的互动过程中必然彼此渗透、相互融合而形成一种复合型的地域文化——巴楚文化。②

张正明认为："巴楚交错地段的文化格局就是由巴文化与楚文化的互动而构成的。"他对巴楚文化也作了这样的界定："巴楚文化只能理解为在某个特定的时空框架中，既有巴文化，也有楚文化，彼此交流，而且在某种程度上已经此中有彼，彼中有此。"③ 巴文化和楚文化之间的联系和互动十分紧密，二者的交融体现了三峡文化的东拓。本书关注的"巴楚文化"特指三峡地区巴文化元素和楚文化元素互相渗透形成的融合性文化。

一、楚文化的起源与特征

在民族来源上，楚人大概和巴人一样，都是源自苗蛮，是从洞庭湖之西迁入长江中游及上游各地的，楚人的发祥地荆山地区在长江三峡北岸。在祖先世系上，楚人据说是黄帝后裔。屈原称自己是"帝高阳之苗裔"，《史记·楚世家》记载了楚国世系："楚之先祖出自帝颛顼高阳，

---

① 秦永章：《江河源头话"於菟"——青海同仁年都乎土族"於菟"舞考析》，《中南民族大学学报（人文社会科学版）》2000 年第 1 期。
② 彭万廷，冯万林：《巴楚文化源流》，湖北教育出版社 2003 年版。
③ 彭万廷，冯万林：《巴楚文化源流》，湖北教育出版社 2003 年版。

高阳者，黄帝之孙，昌意之子也。高阳生称，称生卷章，卷章生重黎。重黎为帝喾高辛居火正，甚有功，能光融天下，帝喾命曰祝融。""周文王之时，季连之苗裔曰鬻熊，鬻熊子事文王，早卒。其子曰熊丽。熊丽生熊狂，熊狂生熊绎。熊绎当周成王之时，举文武勤劳之后嗣，而封熊绎于楚蛮，封以子男之田，姓芈氏，居丹阳。"其中的季连据说是祝融之孙。似乎可以确定，在商末周初，楚人先祖投靠了姬周，历经数代后，熊绎因功被封为子爵，建国于丹阳。《汉书》则称："周成王时，封文武先师鬻熊之曾孙熊绎于荆蛮，为楚子，居丹阳。"联系前文可知，楚国的建立尚晚于巴国（楚获封于周成王，巴获封于周武王）。在图腾崇拜上，楚崇拜凤凰。楚人尊凤，有以凤喻人的传统，这大概与远古时期的图腾崇拜有关，在楚地出土的漆器、青铜器等文物中常常可以见到凤的形象。

二、三峡文物中体现的巴楚文化互动

巴、楚文化的交融互动与民族迁徙有密切关系。巴人与楚人都源自苗蛮集团，在远古时代曾长期在丹江、汉水、洞庭湖一带比邻而居。从空间上看，这两种文化都源自"北起大巴山，中经巫山，南过武陵山，止于五岭"这一积累深厚的古文化沉积带，且巴、楚之间几无定界。考古研究表明，巴、楚文化有相同的文化基底，即长江中游的原生文化——屈家岭文化。《后汉书·南蛮西南夷列传》载"巴郡南郡蛮……皆出于武落钟离山"，武落钟离山据说在今湖北长阳境内。而无论是"南郡蛮"还是"廪君蛮"，都是楚地主要族群南蛮的一支。

如前所述，楚人先祖鬻熊曾追随周文王，其曾孙熊绎因功被周成王封为楚子，居于丹阳，也就是说楚人进入三峡的时间应是在西周初期。学者多认为丹阳位于西陵峡一带。熊绎获封之时，势力很小，时"辟在荆山，筚路蓝缕"，楚人由此开始了艰苦的创业。到了熊绎五世孙熊渠时，楚国经济、军事实力有了较大增长，熊渠发动了第一次扩张，不过其活动范围可能仍在西陵峡一带。直至公元前四世纪，"楚地西有黔中、巫郡"（《战国策·楚策》）。公元前316年，秦灭巴、蜀，楚国于40年后（公元前276年）侵入巴国故都枳邑（今涪陵），最终取得三峡地区的控制权，楚人开始大规模迁入三峡，三峡居民中楚人比例骤然提升。

考古发掘也证实：西陵峡两岸所发掘的古文化遗存，大多属于楚文化范畴。而从巫峡以西的三峡地区出土的墓葬等遗存所反映的文化因子来看，其中虽以巴文化因素占多，但亦不乏楚文化因素。如巫山跳石遗址出土的周代器物，虽然有的明显可看出是巴人遗物，但"根据其总体特征分析，跳石遗址的周代遗存仍属楚文化的范畴，是楚文化沿峡江西渐的一处重要的文化据点"。

从历史进程和阶段性特征而言，西周时期巴和楚均为周的南土，春秋时期，巴、楚之间攻伐不断，巴曾一度成为楚的附庸。战国中后期时，枳被楚人占领后，有不少巴人流入楚地。自巴、楚立国后，其文化便相互渗透、交融，秦汉以后巴、楚文化继续相互影响、交融，魏晋以降，巴人后裔曾多次沿长江东迁、北徙，将巴文化传播到故楚腹地。元末明初和明末清初的战乱又使大量荆楚移民进入三峡地区，进一步促进了巴、楚文化的融合，最终形成了今天的巴楚文化。

空间地域的相邻、族属的深厚渊源、文化基底的相同，以及历史上的人口迁移、文化交融等，使得巴、楚两地文化呈现出"巴中有楚，楚中有巴"的特点。晋代《华阳国志·巴志》称巴地"其人半楚"；《隋书·地理志》称荆州蛮"颇与巴渝同俗"；宋时万州仍然"略有楚风"，夔州"楚俗最尚"。① 直到清代，时人还称大宁"有楚遗风"，城口风俗亦"颇近荆楚"。总的来说，在物质符号、精神文化和行为制度体系上，都可以看到巴、楚文化的互动。

就物质符号体系而言，巴、楚文化的互动是双向的：考古发掘的大量巴人遗存中含有很多楚文化的符号；而楚地物质文化中的巴文化元素也不鲜见。三峡考古发掘中出土的商周、战国时代的陶器，常常兼有巴、楚两种文化的元素。奉节老关庙遗址上层出土的一批陶器也表明：在瞿塘峡以西的三峡地区同样存在着楚、巴两种文化元素。② 巴东茅寨子湾遗址的商周遗存中同样出现了巴、楚文化因素共存的现象，体现了先秦时期峡江东部地区巴、楚两个民族文化的交替发展与变迁融合。③ 战国时期典型的巴文化遗址冬笋坝遗址出土了与长沙等地的楚墓出土的陶壶形制非常相似的铜壶，其出土的四耳灰陶壶也是楚文化中较流行的器物。楚式漆器文化中也含有较多巴文化的元素，如江陵等地的楚墓出土有"虎座凤架鼓"，这是一种造型奇特的乐器，两只凤鸟昂首展翅，站立在色彩斑斓、匍匐于地的老虎背上。有学者认为这表示"凤虎相斗"，象征着楚人（凤）对巴人（虎）的征服。近有学者对此作了新的解读："由此似乎可以感受到楚文化是立足于巴文化基础上兴盛起来的寓意。至少，它形象地反映了巴楚文化的交融性，同

---

① 段渝：《四川通史》，四川大学出版社 1993 年版。
② 吉林大学考古学系：《四川奉节老关庙遗址第一、二次发掘》，《江汉考古》1999 年第 3 期。
③ 吴春明、王凤竹：《湖北巴东茅寨子湾遗址发掘报告》，《考古学报》2001 年第 3 期。

时说明了崇虎成为巴人楚民共同的文化事象。"① 这件器物无论是从内涵还是形式而言都反映了巴楚两地图腾文化的完美结合，是典型的巴楚文化器物。

同时，在青铜器文化上，楚地青铜器工艺更为先进，是巴人模仿和学习的对象，但总体而言，巴人与楚人在青铜器（兵器、礼器）的制作上是相互仿效的，往往表现出"似巴似楚"的现象，这已为考古发掘出土的器物所证实。重庆余家坝战国墓葬群出土的青铜器和陶器的种类、形制特征大体一致，这些器物多具有巴文化特点，并存在着浓厚的楚文化因素。奉节营盘包墓葬中随葬的剑多是楚式的，而戈多是巴式的，这反映了楚文化的东进及其与巴文化的融合。涪陵小田溪遗址中一处被推测为巴王之墓的古墓曾出土了一套青铜编钟，曾主持复制曾侯乙编钟的考古学家谭维四教授这样评论它："青铜钟 15 件，1 件为巴式，14 件为楚式，是巴楚共存。而且钟架的建造亦如此，木质笋为楚钟所常见，青铜笋套以浮雕巴虎装饰……其整套钟可以说是融巴、楚文化于一体而构成……堪称巴、楚文化混融的结晶。"②

就精神文化体系而言，在巴、楚交界的地方存在风俗融合的情况。远古时期三峡地区的巫文化极为鼎盛，楚人崇巫、楚地巫风之昌盛，显然是受到了三峡巫文化的强烈影响。《国语·楚语》云："在男曰觋，在女曰巫。"王逸《楚辞章句》："昔楚国南郢之邑，沅、湘之间，其俗信鬼而好祠。其祠，必作歌乐鼓舞以乐诸神。"有研究楚辞的学者

① 秦永章：《江河源头话"於菟"——青海同仁年都乎土族"於菟"舞考析》，《中南民族大学学报（人文社会科学版）》2000 年第 1 期。
② 鄢维新：《从"巴楚文化"看土家族文化与汉文化的关系》，《中华文化论坛》1999 年第 1 期。

考证：屈原所作的《九歌》源于巴人原始的祭神乐曲。《九歌》祭祀的主神东皇太一即日神、太阳神；而相传为巴人祖先的太皞（伏羲）也是太阳神。在三峡地区巴东雷家坪遗址、中堡岛遗址中都出土了罕见的太阳纹陶片，秭归东门头遗址出土了"太阳人"石像，这表明巴人、楚人皆崇拜太阳。《山鬼》刻画的形象是山神，很可能就是巴人崇拜的女神"巫山神女"的化身。日神、山神等皆是巴、楚两族共祀之神，可以说，《九歌》《山鬼》等乃是巴、楚文化相互融合的结晶。《后汉书·南蛮西南夷列传》载："廪君死，魂魄世为白虎。"巴地盛行白虎崇拜，对巴人而言，虎既象征着祖先，亦是保护神。崇虎虽为巴俗，但也渗入楚文化之中，楚地器物中常有虎元素出现，如丝绸上的龙凤虎纹、虎座凤架鼓中的伏虎等。巴、楚两地至今广泛流传的丧事活动"跳丧鼓"，很可能就是崇虎文化的传承。"跳丧鼓"是一种丧事舞蹈，舞蹈动作主要是模仿虎的各种动作，跳舞时手呈虎爪，足行虎步，许多动作直接以虎为名，如"虎仰头""虎甩尾""猛虎下山"，可以说巴人崇虎的古俗已深深融入巴、楚民间风俗之中。

就行为制度体系而言，楚地的乐舞文化深受巴文化的影响。据记载，楚人的音乐就源于巴地，楚地音乐被称为"南音""南风"，有古籍记载"南音"的最初创作者是涂山氏之女，而涂山相传就位于今重庆市南岸区。[①]巴歌对楚音乐发展的影响深远而广泛，在战国时期，巴歌《下里》《巴人》就在楚国都城广泛流传，深受楚国人民大众喜爱。宋玉在《对楚王问》中说有人在楚国都城内唱《下里》《巴人》，"国中属而和者数千人"，这说明巴歌通俗易懂，早在

---

① 段渝：《四川通史》，四川大学出版社 1993 年版。

楚地广为传唱。当时楚国都城的人口有多少无法考察，但即使是在现代数千人和唱亦可谓规模盛大，这也可以佐证巴地音乐对楚地音乐的影响，而楚人与巴人的共鸣更是反映出他们在文化上的相互认同。① 而相传为楚舞的"万舞"很可能就是源自巴人的一支板楯蛮的"巴渝舞"。② 如前所述，《华阳国志》载巴人曾助周武王伐纣，并在战场上施展战舞，"巴师勇锐，歌舞以凌殷人"。也就是说巴民族自古擅长歌舞，而且形成了独特的艺术风格与魅力。

古代巴、楚两族共同聚居的三峡地区，是中国民间非物质文化遗产的重要宝库。《山海经》中诸多的神话传说源出此地；《楚辞》从内容到形式上多取材于三峡民间文化；《天问》的问话体采自三峡盘歌；在神农架地区流传的创世史诗《黑暗传》最早的唱本出自西陵峡新滩，《黑暗传》中也有大量的问话体。

巴文化和楚文化在三峡地区的融合相当深入，自古就有"巴楚"连称的用法。三国张揖撰《广雅》："荆（楚）巴间采（茶）叶作饼。"晋袁山松《宜都山川记》："巴陵楚之世有三峡。"南朝庾仲雍《荆州记》："巴楚有明月峡、广德峡、东突峡，今谓之巫峡、秭归峡、归乡峡。"晋常璩《华阳国志·巴志》："其郡东枳有明月峡、广德峡，故巴亦有三峡。"究其所以，皆因巴、楚都曾占有三峡地区，故以"巴楚"作三峡地区之代称。由此可见，巴楚文化的产生有着深厚的地理和历史渊源，巴楚两国一衣带水，长期互为近邻，时而友好结盟、时而相互征伐，经过漫长的交往、通婚、文化交流，必然彼此渗透、相互融合而杂交出一种

---

① 段渝：《四川通史》，四川大学出版社 1993 年版。
② 段渝：《四川通史》，四川大学出版社 1993 年版。

复合型的地域文化——巴楚文化。有学者将其定义为"一种历史性兼地域性文化"是颇为符合实际的。如前所述，"巴楚交错地段的文化格局就是由巴文化与楚文化的互动而构成的"，而巴楚文化"只能理解为在某个特定的时空框架中，既有巴文化，也有楚文化，彼此交流，而且在某种程度上已经此中有彼，彼中有此"。① 可以看到，巴文化和楚文化之间的联系和互动十分紧密。

有学者指出："巴楚文化的母体是巴文化和楚文化。巴文化和楚文化是两个紧邻却异同互见而互相渗透、吸引，具有高度亲和力的文化圈，这两种文化经过长时间的相互渗透、覆盖、吸收与混融，便形成了一种既非纯粹的巴文化，亦非纯粹的楚文化，巴中有楚（当然是以巴文化为主调）、楚中有巴（以楚文化为主调）的混融性边缘次生型的地域文化——巴楚文化。"② 巴楚文化是以三峡地区为核心地带的传统文化，是古代巴、楚两族人民在特定的自然地理环境、特定的历史时期共同创造的宝贵文化遗产。

三、巴楚文化的时代价值

巴人和楚人自古以来就在三峡地区共生共长，在西周时期曾形成两个并行发展的古国。巴民族与楚民族的交往，以及巴文化与楚文化的交流，历史悠久，影响深远。对于巴、楚而言，无论是民族还是文化，都呈现出楚中有巴、巴中有楚的特点。巴文化与楚文化经过长时期的摩擦、碰撞而又互相吸收、交融，形成了独具特色的巴楚文化。巴楚文化这一融合型地区文化的形成，不仅是民族融合的结果、文化交流

---

① 彭万廷，冯万林：《巴楚文化源流》，湖北教育出版社 2003 年版。
② 鄢维新：《巴楚文化：一个古老而崭新的话题》，《中南民族学院学报（哲学社会科学版）》1998 年第 1 期。

的结晶，也离不开自然地理条件与生态环境的影响。同时秦汉以降的历代封建统治者对巴人后裔所在的湘鄂川黔地区长期采取羁縻制与郡县制并存的制度，促使巴人后裔继承了巴楚文化，进而让源远流长的巴楚文化免于中断、消失。

巴楚文化经过千百年的历史发展，形成了独特的地区内涵与特色，应当使巴楚文化中的文化差异性和文化独特性为今所用，展现巴楚文化的时代价值。巴楚文化区主要分布在渝东南和鄂西地区，巴楚文化在构建地区生态文化旅游方面有极大的潜力，应该充分利用当地的资源，在保护好生态环境的同时，建设特色文化旅游主题，打造巴楚民俗文化旅游景点，开辟巴楚民俗文化旅游线路，开发巴楚民俗文化旅游项目，兴建巴楚民俗文化度假村，将巴楚文化区打造为国家级休闲度假目的地。

以开发民俗文化旅游项目为例，围绕地区民俗特色开发特色民俗文化活动可以增加游客参与感。在我国历史悠久的传统文化艺术中，有特色的区域民间美术是残留原始图式最多的艺术形式，三峡地区土家族的西兰卡普即其中之一。西兰卡普以巴楚文化为主要源头，其审美倾向受到巴文化与楚文化的共同影响，形成独具特色而更加丰富多彩的艺术形式。西兰卡普是三峡地区土家族儿女特有的彩织品，它质地厚重，色彩艳丽，花纹变化多端，富有独特的民族风格和浓厚的乡土气息，在我国民族织锦艺术中独树一帜。西兰卡普是土家族标志性的彩织品，除了用于日常装饰，也被用于宗教祭祀，三峡人民通过西兰卡普表达对美好社会的热爱与对生命的崇尚。重视并研究西兰卡普的起源及内涵，通过开发文创产品等扩大其知名度与影响力，既有助于传承、发展巴楚文化，也有助于新时代和谐美丽乡村建设。

第三节　从巴文化到"巴秦文化"：
三峡文化的北上

秦民族不但是中华民族史上一个伟大而又富于传奇色彩的民族，而且是构成汉民族的基石；汉文化是在秦文化的基础上发展起来的，"汉承秦制"是中国政治文化和传统文化发展的主要特点。

一、秦文化的起源与特征

记载秦民族起源的材料十分缺乏，据《史记·秦本纪》记载，直到秦文公十三年（公元前 753 年），秦"初有史以纪事"。有关秦民族起源的看法曾经主要有三种主张，即"西来说""东来说""北方夏族说"，近来又有人提出"文化二源说"。①

"西来说"提出较早，王国维曾在《秦都邑考》中指出"秦之祖先，起于戎狄"，戎狄一般聚居于西北地区。此后，蒙文通根据《史记·秦本纪》中申侯所说"昔我先骊山之女，为戎胥轩妻，生中潏"之语推测，胥轩为戎，当非华族，所以秦人的父系应该来源于戎。申侯之先为骊山之女，亦当为戎，则秦之母系亦为戎，父系母系皆为戎，则秦人为戎族可确定无疑。拥护"西来说"说法的还有顾颉刚、翦伯赞等学者，他们都否定了秦人起源于东方的说法，认为秦人先祖源自西方的戎狄，西戎攀附华夏文化，秦人先祖非子从周天子那里得到了赐姓而使秦人逐步融入了华夏民族。

---

① 谷玉梅：《秦人起源与早期秦文化特色》，《管子学刊》2014 年第 1 期。

也有学者提出秦人与殷人"同出东方"的说法，认为殷商时期秦人是从属于殷商的一个部族，其于殷商亡后被迫迁到今陕西地区，成为周人的奴隶。周成王时，其参加反周大叛乱，失败后又再次西迁，成为后来秦人的先祖。[①]历史文献、神话传说及考古发掘都能为这个说法提供佐证。如秦人与殷人均以燕为图腾，共奉"玄鸟"为祖先；都是以游牧、狩猎为主要生产方式；按照殷制，王墓为亚字形，诸侯墓为中字形，界限分明，而在秦公陵园的20多座大墓中，只有中字形墓、甲字形墓，而无亚字形墓，这说明秦人在墓葬方面严格遵循殷制，而殷人早期活动于我国东方几乎已成定论。有的学者还进一步推断秦人在东方的具体发祥地，或以为其在今山东省曹县之北[②]，或以为其在今山东省中南部的曲阜一带[③]。如果把范围说得大一点，今山东省西部、西南部与河南省东部、东北部的黄河下游地区，都有可能是秦人先祖早先的活动区域[④]。

第三种说法"北方夏族说"认为秦人本来是夏人的一支，在夏、商两大联盟相互斗争之时，有一支夏人为商人所阻挡，因而转向西方发展，成为诸羌；这一学说认为夏人、羌人、周人、秦人皆源自同一个氏族部落。但目前考古学界还是认为秦人和商人之间的共通之处更多，其活动范围虽与周人在空间上有所重叠，但两族之间的差异较为明显。[⑤]

"文化二源说"主要基于各个不同民族之间的文化交流和互相渗透是频繁和潜移默化的，因而提出将秦人的氏族

---

① 谷玉梅：《秦人起源与早期秦文化特色》，《管子学刊》2014 年第 1 期。
② 牛世山：《秦文化渊源与秦人起源探索》，《考古》1996 年第 3 期。
③ 李江浙：《秦人起源范县说》，《民族研究》1988 年第 4 期。
④ 严宾：《秦人发祥地刍论》，《河北学刊》1987 年第 6 期。
⑤ 谷玉梅：《秦人起源与早期秦文化特色》，《管子学刊》2014 年第 1 期。

渊源和文化渊源分开来探讨，认为秦文化"源自东方，而兴盛于西方"。这种说法较为符合历史发展的实际，得到的认同更多。

从图腾崇拜而言，如前所述，秦人与殷人都礼敬"玄鸟"。《史记·秦本纪》载："秦之先，帝颛顼之苗裔孙曰女脩。女脩织，玄鸟陨卵，女脩吞之，生子大业。"殷人中也流传着"天命玄鸟，降而生商"的故事。这反映了他们在文化心理和宗教趋向方面的一致性。秦人还崇尚白帝少皞，这也是将秦人先祖判定为东夷族的少皞氏的根据。还有学者根据秦人的图腾崇拜和宗教信仰推测秦人先祖是以采集渔猎为生的。

记录秦人早期历史的资料很少，只能从各种古籍中梳理出一个大概。秦人的基业始于大业之子大费（即伯益）。相传伯益助大禹治水有功，被舜赐姓为"嬴"，秦人因而加强了和中原地区的交流与融合。伯益后来在与启的权力斗争中失败，从此秦文化分为两支，一支在中原，一支在边地。有夏一代，秦人都被排挤在中原文化主流和政治主流之外，有关记录更为鲜见。但在长期的迁徙中，秦文化并未消失，可以想见秦人在这个过程中得到了淬炼，其个性越发鲜明。夏朝末年，费氏投奔商汤，成为商汤的亲信，在攻打夏桀中立下大功。商朝建立之后，费氏成为一方诸侯，为商朝担负起守卫西部边疆的责任。在长期驻守边疆的过程中，费氏可能与申戎进行了联姻，与当地游牧部落发生融合。殷商灭亡后，秦人在政治上的显赫地位宣告终结。《清华简·系年》中提到，秦人还参与了周初的叛乱。周公旦平定叛乱后，秦人被安置在西边的蛮族部落里。直到周孝王时期，秦人才通过姻亲诸侯申戎的力量重新登上政治舞台，并因擅长养马而赢得了周王的封赏。周代太王迁岐后，秦人继续努力维护与周王室的良好关系，两者互相联姻，秦人在文化上也极力向周文化靠拢。可以说，在秦人势力壮大的过程中，其一直从周文化中汲取着丰富的营养。从此以后，秦人尊奉周文化，并积极吸收戎狄文化的长处，最终奠定秦文化的基础。周穆王晚期，秦人迁徙到今甘肃天水一带，势力有所发展，再次成为一方不容小觑的诸侯。

从文化源流上看，与其他优秀文化一样，秦文化在发展过程中吸收了各种文化的精华，如夏文化、商文化、周文化、戎文化、东夷文化等。这些文化在秦文化性格的塑造中具有重要意义。在与这些文化或合作或斗争的过程中，秦文化难免受到不同程度的影响，打上与这些文化相互依存相互作用的历史烙印。从文化的基调来看，秦人从迁出东夷之地开始，到扎根西戎为止，始终没有融入主流，边缘化的处境成就了秦文化。其在接受另类环境和异质文化挑战的过程中，锻造了自身的个性和品质。

秦人在西部恶劣艰难的自然环境之下繁衍生息，求得生存，过着游牧生活，养马成为他们的特长。这一时期秦人的主要经济生活是畜牧业生产，已经在牧马、医马、育马方面掌握了比较先进的技术，积累了相当丰富的经验，这不仅和秦之先祖伯益、大费的传承有关，更是他们长期从事畜牧业生产劳动的结果。这一时期秦人和羌人、戎人的经济生态是相同的。[①] 西部恶劣的自然条件，成就了他们的强悍、勇敢、豪放的作风，培养了他们极强的与自然搏

---

① 侯毅：《论秦文化的起源与发展》，《山西师大学报（社会科学版）》1987 年第 3 期。

斗的能力，从而形成了好战尚武的精神品格。^① 在这一时期，秦文化一直处于文化的边缘地位，虽然在夏和西周时期承受了长期的磨难，但秦民族和秦文化并没有消逝，可见其生命力是极为顽强的。

秦人最迟从西周晚期以后，开始受到周文化强烈影响，但他们在长时间内都保留着自身的文化特征，其还在与西戎的不断接触中吸收了戎狄的异族文化，从而形成了自身的文化体系，即以粗犷豪放的性格、强悍勇敢的作风、好战尚武的精神为核心内容的赢秦文化。早期的秦文化在不同程度上受到了殷商文化、戎狄异族文化和周文化的影响。在西周、春秋时期，秦人始终有着清晰的"中国"意识，在文化上也不断地吸收周文化，同时由于长期地处西陲，戎狄异族文化在秦文化的形成、发展中也起到了一定的作用。^②

二、文物与文献中体现的巴秦文化互动

三峡地区位处重峦叠嶂之间，看似封闭，其实是东邻荆楚，西接川蜀，北连秦汉，不仅地处长江中上游的九曲连环之处，更是通过大宁河连接长江流域与黄河流域的重要走廊。得益于大宁河丰沛的水源和平稳的河道，三峡地区具有连通巴秦之地的天然优势，在大宁河沿岸的巫山县、巫溪县等地出土的三峡文物中，可以看到三峡文化与秦文化的文化交流。

先秦时期，巴文化与秦文化是存在交流的，虽然其交

---

① 刘原：《秦族源、早期秦文化与秦文学的萌芽》，《文艺评论》2014 年第 6 期。

② 刘原：《秦族源、早期秦文化与秦文学的萌芽》，《文艺评论》2014 年第 6 期。

流的深度与广度远不及巴文化与蜀文化、楚文化的交流，但先秦时期巴文化与秦文化的互动仍为大一统王朝建立后三峡文化与中原文化的融合奠定了基础。

公元前316年，秦灭巴，后置巴郡，采取放巴王归巴地，充当"蛮夷君长"统帅各部族的政策，使巴文化在秦文化的渗透下得以长期延续。至西汉早期，三峡地区考古学文化总体上仍呈现晚期巴文化面貌。武帝拓边，加强对西南地区的开发，三峡地区的汉文化面貌才基本确立。秦把对西南地区的经略放在十分重要的地位，虽然秦对三峡地区的统治的时间比较短暂，但秦文化对这一区域的影响却比较显著，这说明了秦统一事业的深远影响。从秦代开始，三峡地区在不知不觉中加快了融入华夏文化的步伐。整个三峡地区的秦朝时期的文物十分丰富，城址、聚落址、墓葬以及其他工矿业遗迹等广有发现。汉承秦制，经过汉初的休整，全国经济、生产得到了很快的恢复，三峡地区也由于中原文化的进入，在汉代进入了一个文化大发展的阶段。汉末纷乱，地方割据，三峡地区却基本处于略为稳定的环境之下，社会经济仍能按照正常的进程发展。

就物质符号体系而言，秦人在占据、统治三峡地区的过程中深入影响了巴人物质文化的发展。战国后期，为取得巴地的盐矿，秦、楚两国围绕巴地展开争夺。《战国策·燕策》有"楚得枳而国亡"的记载。公元前316年，司马错先灭蜀后灭巴，并以此为基础，最终灭掉了楚国。在云阳故陵镇和秭归庙坪遗址等地发现的秦墓，就是秦人灭楚过程中的遗存。涪陵小田溪遗址出土的文物除了有巴人所固有的文化元素外，也可以看到秦文化的影响，该遗址还出土了秦戈一柄，这正是秦人侵入巴地留下的痕迹。①

就精神文化体系而言，在先秦及秦汉时期，中原地区的人们对西南社会的认识与了解，是伴随着中原文化认同与华夷边界的变化而不断发展形塑的，巴文化正是在血缘、空间、政治经济与文化融合的基础上逐步融入华夏文化的。② 秦并巴、蜀后，巴地开始被纳入中原政治体系之中。公元前314年，秦设置巴郡，着手对巴文化区进行政治改造，主要采取羁縻制与郡县制相结合的政策。③ 一方面，秦人通过与巴地原有的上层势力联姻，在不改变其血缘组织和社会结构的前提下，利用他们的势力在巴地推行秦的各项政策、制度和法令，④ 另一方面又通过秦文化的输入，塑造新的政治权威、思想权威和学术权威，造成巴族传统势力失势或消失以及文化更新。在精神文化体系上，几乎是秦文化单方面向巴文化进行输出，使巴人接受和认同秦文化中的政治理想和精神力量。这种精神上的输出，一方面使巴人不得不极快接受了秦国强大的事实，逐步融入华夏主流；另一方面也刺激了巴文化对自我的坚守，在更强大的精神文化力量的刺激下，巴文化中独特的民族特征更鲜明地凸显出来。在巴文化与秦文化的互动中，借鉴与融合之外还存在疏离与对抗。

就行为制度体系而言，秦文化中对农业的重视较大程度地影响了巴文化，这主要源于秦国对三峡地区进行了大

---

① 段渝，谭晓钟：《涪陵小田溪战国墓及所见之巴、楚、秦关系诸问题》，《四川文物》1991年第2期。
② 尹建东，冯小丽：《华夏文化视域中的西南与西南社会——秦汉时期巴蜀华夏认同的确立过程》，《文山学院学报》2014年第5期。
③ 段渝：《政治结构与文化模式：巴蜀古代文明研究》，学林出版社1999年版。
④ 尹建东，冯小丽：《华夏文化视域中的西南与西南社会——秦汉时期巴蜀华夏认同的确立过程》，《文山学院学报》2014年第5期。

规模的经济开发。秦灭巴后，大量移民涌入三峡地区，更为先进的农业生产技术也随之传入巴地。巴地农业生产由粗放型向精耕型发展，铁农具广泛使用、农田水利普遍兴修、耕地面积扩大；粮食作物稻、黍、粟、芋、豆等和经济作物麻、蔬菜、茶等的生产，以及蚕桑、畜牧、渔猎经济体系等构成复合生产体系。[①] 与此同时，三峡地区以盐、铁为中心的工商业也得到了长足的发展：三峡地区的盐泉和丹砂等资源本就非常丰富，通过大宁河的运输更是广泛运输到了蜀地、楚地和秦地。秦对巴盐运输与销售给予了充分的支持，秦统一度量衡后也为巴盐交易的扩大奠定了基础，巴盐的销售与运输可以扩大到更加广大的区域。同时，巴地丹砂资源在先秦时期的利用率并不高，但秦文化中对丹砂的推崇和喜爱提高了整个国家对丹砂的关注度，著名的巨商大贾巴寡妇清就受到秦始皇的极大礼遇，秦始皇陵地宫多达 100 吨的水银，据推测就来源于三峡地区。

秦在统一六国之前，就已经统治巴蜀九十多年，所以巴蜀文化被打上了秦文化的烙印，中原人士多习惯于把巴蜀与关中置于有密切关系的叙述之中。汉初人们把巴蜀作为关中或秦地的一部分来看待，显然是受到之前秦人观念的影响。司马迁在《史记·货殖列传》中论及"关中"和班固在《汉书·地理志》中描述"秦地"时，都涉及有关巴、蜀的内容。[②] 巴蜀原有文化渐次与黄河文化特别是秦文化接近并融合，尽管从地域文化特征来看，秦文化与巴蜀文化之间存在着较大的差异，但是这并不影响人们思想观

---

① 尹建东、冯小丽：《华夏文化视域中的西南与西南社会——秦汉时期巴蜀华夏认同的确立过程》，《文山学院学报》2014 年第 5 期。

② 王子今：《秦兼并蜀地的意义与蜀人对秦文化的认同》，《四川师范大学学报（社会科学版）》1998 年第 2 期。

念中所具有的二者同为华夏文化有机组成部分的共识。这是秦文化对巴文化最重要的影响之一。

三、巴秦文化的时代价值

秦文化和巴文化的交汇处具有丰富的历史文化遗存与独一无二的旅游资源，其中秦巴古盐道尤为值得关注。秦巴古盐道西通巴蜀、北接三秦、东连荆楚，其以古时的大宁盐场为起点，在秦、巴、楚文化交汇区内延伸，或盘旋于悬崖峭壁之上，或蜿蜒于峡谷湍流之中，历代的盐商与盐背夫穿行其间，不知留下了多少血与汗。这条隐匿在秦、巴崇山峻岭间的古盐道是西南民间文化沉积带上的重要一环，承载和积淀了千百年历史文化风情，沿线地区留存有许多古方国遗迹、古镇、古庙等遗存，还流传着古老的山歌、历史传说等口头文学，以及丰富的民俗节庆，足以和"丝绸之路""茶马古道"相媲美。

秦巴古盐道沿线自然环境优美，文化底蕴深厚，有长江三峡、神农架、武当山、汉江等诸多风景名胜。就整个线路来看，秦巴古盐道的旅游资源富集、类型多样，并与生态环境和历史文化紧密结合。如宁厂古镇是秦巴古盐道的起点，是三峡地区唯一一座保存完整的国家级历史文化名镇。宁厂古镇的历史风貌保存较好，现存古建筑总面积3.5万平方米，其中受重点保护的明末清初的古建筑约有1万平方米，其余2.5万平方米为民国初期的民居建筑。

对秦巴古盐道的开发可充分运用打造休闲旅游度假区这一思路。宁厂古镇位于巫溪县大宁河沿岸，这里所拥有的宝源山盐泉在世界范围内都是罕见的，具有极高的独特性。宝源山盐泉千百年来都是当地人民赖以生存的经济来源，《山海经》和《华阳国志》等古籍都有对宝源山盐泉的记载。大宁地区的盐泉因远古时期的地壳运动而形成，历史上大宁盐场将宝源山盐泉所产之盐经由长江和大宁河等水道可运达渝、陕、鄂三地。目前宁厂古镇遗址保留在大宁河支流后溪河下游的狭长山谷中，分布总面积约300万平方米，有龙君庙遗址、秦家老屋遗址、盐大使署遗址、吴王庙遗址、一车间制盐遗址、二车间制盐遗址、三车间制盐遗址等文物点。这些遗址较好地展现了当地食盐的生产、运输、销售及盐业管理过程，历史悠久，规模宏大，体系完整，为全面了解我国盐业生产史、南北方商贸和交通史，以及清代至民国时期的工业化进程，提供了重要资料。综合打造休闲旅游度假区的思路，可以考虑在二车间制盐遗址等地开发沉浸式制盐体验等活动，在游客参与制盐的过程中再现千年盐业文明。当地文保单位应充分挖掘、传播、传承现有优质文物、文化资源，为调动更多资源提供可选方案。

注：重庆市文物考古研究院供图。

宁厂古镇盐泉

　　秦巴古盐道穿行于鄂、渝、陕等地，当前其经济价值在于可将之转化为旅游产品，推向市场。开发秦巴古盐道是优化区域旅游产品结构、丰富区域旅游产品多样性的必然要求。目前，该区域的旅游开发以自然观光为主导，尚欠缺高质量、形式多样的文化旅游产品。要打响秦巴古盐道的知名度、美誉度，应积极引进外资，大力将其推向市场。这不仅有助于建设新农村，增加村民就业，还有利于促进生态环境保护、区域旅游一体化和地区经济文化的繁荣发展，最终形成带动经济社会发展的新亮点和增长点。

第八章　三峡文化与中华文化

一种文化现象的产生和发展，不是孤立的，而是具有扩散性且不断积累的过程。[1] 从历史的角度来看，任何一个地区的文化都应是本地文化与外来文化融合后形成的一种综合的文化，而外来文化的进入在很大程度上是通过移民的进入来实现的。在此情况下，移民来源的籍贯、移民来源的多少、移民来源的形式、移民来源的行业成分，便与当地文化特色形成和发展的关系十分密切。三峡文化之所以不同凡响，正在于其塑造了历史上三峡对外形象的核心特征。[2] 这个核心特征，是由三峡自然要素影响下的物质文化和非物质文化共同凝结而成的，其中包含巴文化、蜀文化、楚文化、秦文化等多种文化的精华，在历史长河的演进中经历了由各有差异到融合趋同的过程。

第一节　三峡文化在长江文化中的重要地位

2022 年 1 月 3 日，为深入贯彻落实习近平总书记重要讲话精神，保护好长江文物和文化遗产，大力传承弘扬长

① 蓝勇：《西南历史文化地理》，西南师范大学出版社 1997 年版。
② ［美］威廉·费尔丁·奥格本：《社会变迁——关于文化和先天的本质》，王晓毅，陈育国译，浙江人民出版社 1989 年版。

江文化，推动优秀传统文化创造性转化、创新性发展，国家文化公园建设工作领导小组印发通知，部署启动长江国家文化公园建设。建设长江国家文化公园，充分激活长江丰富的历史文化资源，系统阐发长江文化的精神内涵，深入挖掘长江文化的时代价值，对于深入贯彻落实习近平总书记关于国家文化公园建设系列重要指示精神，丰富完善国家文化公园体系，做大做强中华文化重要标志，延续历史文脉、坚定文化自信，进一步提升中华文化标识的传播度和影响力，向世界呈现绚烂多彩的中华文明，具有重大而深远的意义。

长江是我国第一大河流，与黄河一起并称为中华民族的母亲河。长江在中华文明的起源发展中发挥了极为重要的作用，是中华文明多元一体格局的标志性象征，很大程度上丰富了中华文明的文化多样性，"江河互济"构建了中华民族共有的精神家园。三峡地区地处长江流域上游末端的峡谷地区，是长江中下游平原与长江上游成都平原的天然分界区，正好成为两大平原的过渡、连接处。从文化视角上而言，三峡文化与川蜀文化构成了长江上游文化的典型代表，与长江中下游的荆楚文化、吴越文化共同组成长江文化的主体。从长江文化的发展进程来看，三峡文化在长江文化中有着举足轻重的地位。

第一，巫山人的发现表明了长江流域的人类文明可能首先发生于三峡地区。

在旧石器时代，长江流域气候湿润，水源充足，物产丰富，是人类理想的繁衍生息之地。迄今，中国境内发现的古人类化石点70余处，其中有30余处位于长江流域。以巫山为中心，方圆500公里范围内，存在一条古老的古人类遗址沉积带，呈现出地域上的集中性和时间上的连贯性，古人类活动时间之长久、活动区域之集中，举世罕见。而中国境内迄今发现最早的古人类化石，就是距今约两百多万年的发现于三峡地区的"巫山人"。这一出土于巫山龙骨坡遗址的巫山人化石，填补了中国早期人类化石发掘的空白，表明三峡地区极有可能是长江文明、中华文明乃至东亚大陆文明的重要起源地。

第二，三峡巫文化奠定了长江文化蓬勃发展的基础。

春秋战国以后，长江文化发展迅猛，在历史发展中渐渐赶上黄河文化的脚步，巴蜀文化、荆楚文化、吴越文化与北方之齐鲁文化、三晋文化、秦羌文化并耀千秋。长江文化虽以荆楚文化发展最为发达兴盛，但荆楚文化中包含的巫文化与三峡文化关系密切。巫文化内容丰富，博大精深，涵盖了人类启蒙这一特殊时期的绝大部分文化，是照亮人类从蒙昧跨入文明的第一缕曙光，是人类文明史上的一座高峰。三峡巫文化具有鲜明的特色，三峡地区是中国巫文化的发源地之一。三峡巫文化充斥着神灵崇拜与自然崇拜，这对于长江流域追寻浪漫的荆楚文化、信鬼崇神的吴越文化的形成有着极大的影响。

长江文化是以巫文化为核心的，巫文化极富创造性的审美文化及因自然崇拜而形成的善于移情的特征在长江中上游地区表现得特别典型。从中国历史发展的线索看，根植于长江三峡的巫文化，经过东进、北上、西渐、南移，不仅直接推动了以巴、蜀、楚、吴、越文化为代表的南方文明的发展，而且对中原文明的发展也有所影响，为中华文明的孕育形成作出了重要的历史贡献。

屈原通过诗歌的方式表现了长江中上游地区尤其是三峡地区的风情。三峡地区地势高低起伏，地形丰富，山地、丘陵、山间小盆地、小平坝、临近河流之阶地无所不有。不同海拔处的气候差异显著，不同的水汽、温度的组合有利于多种动植物的生长，山水朦胧之中形成了许多神秘的景象，这是西入三峡的楚人浪漫想象的现实基础。三峡地区的巫文化在历史发展中成为长江文化中巫文化的源头和核心，而巫歌、巫舞和傩戏至今还在三峡地区和荆楚地区流传。巫文化的浪漫基因奠定了长江文化多元化、性灵化、情感化的基础。此外，如前所述，三峡巫文化还促进了三星堆文化的发展。三星堆文化中以宗教关系为基础的政治和社会结构的形成充分反映了来自三峡巫文化的深刻影响。

第三，大宁河与三峡古栈道是联系长江文化和黄河文化的重要中介。

距今 5300 年前后，中华大地各地区陆续进入了文明阶段。距今 3800 年前后，中原地区形成了较为成熟的文明形态，并向四方辐射文化影响力，成为中华文明发展的引领者。南宋以后，全国经济重心南移，长江流域成为中国的经济中心，长江航道的价值越发凸显。三峡地区作为四方交会之处，东邻荆楚，西接川蜀，北连三秦，交通便捷，"千里江陵一日还"实非虚言。大宁河沿岸的"小三峡"不仅自然风光绝佳，还是连接西南地区、中南地区和中原地区的重要通道，对于长江文化的形成和传播有着至关重要的作用。

丰富独特、多元包容的三峡文化是长江文化的重要组成部分，也是中华文明发生、发展最早的文化形态之一。三峡地区有着独立、悠久的文化始源和文化模式，以及丰富多彩的民族文化资源；诞生于此的三峡文化是构成多元一体的中华文化的重要一环。从长江文化的发展来看，三峡文化具有不可替代的重要性：三峡地区的巫山人很可能

开启了长江文明的人类史，并创造发展出长江文明必不可
少的巫文化要素；三峡地区的大宁河和三峡古栈道是长江
文化和黄河文化交流互动的重要通道，极具独特性和差异
性。和长江流域的其他文化相比，三峡文化不如青藏文化
磅礴，不如滇藏文化险峻，不如荆楚文化浪漫，不如吴越
文化实用，但三峡文化突出地展示出它返璞归真、热情浓
烈、原始朴实的可爱之处，有着稚拙单纯的原始美、古朴
粗犷的阳刚美和含蕴丰富的意蕴美。

注：重庆市文物考古研究院供图。

大宁河古栈道遗址

第二节　三峡文化与中原文化间的交流互动

中原文化是以黄河中下游地区为中心发展起来的历史文化形态，是黄河文化的源头、核心和代表，其政治模式、典章制度、伦理思想等深深根植于区域性的社会实践和族群认同，并大规模地传播影响到了整个黄河流域乃至长江流域。中原地区是中华文明的发源地和核心区域，对中华文明具有重大影响，中原文化在一定程度上可以代表中华文化。需要说明的是，本书在对比黄河文化体系中的中原文化与长江文化体系中的三峡文化时，将中原文化的概念扩展到以陕西、山西等地域文化为代表的黄河文化，它们在不同的时代表现为不同的形态，如青铜时代的周文化、战国时期的秦文化、大一统时期的汉文化等，它们是生活在黄河流域地区的人们在社会历史实践过程中创造的物质财富和精神财富的总和。

就物质符号体系而言，先秦时期三峡地区和中原地区的交流虽然不少，但在器物造型、纹饰等方面互相借鉴的不多；秦汉以后，中原文化得益于大一统王朝的推广，极大地影响了三峡地区的本土文化，此后三峡文化与中原文化的差异与隔阂不断减少，最终融入多元一体的中华文化之中。

从新石器时代大溪遗址的文物中可以看到，大溪文化虽在总体面貌上同江汉平原文化比较接近，但由于受原有传统的影响，表现出浓厚的地方色彩。地处巫峡深处的大溪遗址出土的一部分彩陶与中原地区仰韶遗址出土的彩陶在形制方面较为相似，这显然是新石器时代长江文化和黄河文化交流互动的结果。青铜时代，三峡文化与中原文化

173

的交流更为明显，两者相互借鉴，但仍保留了各自的本土特色。如三峡地区白庙遗址出土的深腹侈口绳纹陶器、方格纹罐、圈足盘等器物都酷似中原地区二里头遗址的同类器物；三峡地区中堡岛遗址等出土的陶鬶、陶盉、陶鬲及大口尊等器物也存在中原文化渗透与影响的痕迹。而地处三峡地区的哨棚嘴遗址出土的青铜兵器更加鲜明地反映出二里头文化的因素，结合前文论及的三星堆遗址与哨棚嘴遗址的关系可知，哨棚嘴文化是受川蜀文化、中原文化影响而形成的综合文化体系。前文提及的三峡文物巴式柳叶剑，有学者认为其与西周文化有密切关系，今宝鸡一带便出土了形制与其相似的西周早、中期青铜剑。又如出土于涪陵小田溪墓群的战国玉器卷云纹龙首玉璜明显带有中原文化中的"龙首"元素，其与同一时期在河南辉县固围村一号墓祭祀坑出土的龙首玉璜极为相似。总的来说，越来越多的考古发掘表明，在秦并巴、蜀之前，中原文化已通过蜀地或楚地传播到三峡地区。

注：重庆市文物考古研究院供图。

涪陵小田溪墓群·玉璜

秦汉以降，三峡器物中含有的巴文化传统因素不断减少，中原文化因素在三峡地区逐渐占据了主导地位。从小田溪墓群出土的青铜兵器上能看出中原文化的改造痕迹，如剑均扁茎无格，剑身呈柳叶形，铜钺多为圆刃折腰式，铜矛则为短骹式。[①] 这些变化说明了巴人逐渐被中央王朝的制度和文化所同化，最终融入汉民族之中。

就精神文化体系而言，中华文化的主体文化是由黄河文化与长江文化二元耦合而成的，而长江文化与黄河文化的交汇之处恰恰就在三峡地区。春秋战国时期，三峡文化飞速发展，与周边地区频繁互动，积极吸收和消化周边地区的先进文化，这正是三峡文化融入中原文化的预备期，三峡文化通过对中原文化的借鉴改进了本土的"造神意识"，这在三峡文物中多有体现。如现藏于重庆中国三峡博物馆的战国鸟形尊在器形上是由多种动物肢体组合而成的，体现出一种明确的造神意识。这种造神意识与中原文化中"龙"的图式构造如出一辙。有学者据《史记》等古籍的记载推测，牧野之战十余年后，周王朝肃清了殷商残余势力，其间一支名为"凫渝"、以"凫"为图腾的商人从东北迁往西南，所经之处便形成许多含"凫"字或"渝"字字音的地名。这支商人最终抵达三峡地区，其图腾"凫"迅即与巴蜀地区曾有的虎崇拜、鱼崇拜、鹰崇拜（彝人）文化以及中原地区的凤崇拜文化相结合，于是出现了整体呈鸟形，有鱼嘴、鹰鼻、兽耳、凤冠、鸽身、鸭脚，通体饰细密的羽纹的鸟形尊。"涪"的字音与"凫"相同，这极可能寓示着"凫渝"人对涪陵的深刻影响。除了有关"凫渝"起源的猜测，如前所述，三峡地区的部分出土器物与中原地区

---

① 段渝，谭晓钟：《涪陵小田溪战国墓及所见之巴、楚、秦关系诸问题》，《四川文物》1991 年第 2 期。

宝鸡一带出土的器物存在相似之处，有学者推测远古时期有一支巴人曾溯水而上到达汉水流域，继而在宝鸡地区发展起来，之后又从汉水上游进入渭水流域，并逐渐融入了周文化。今陕西城固、洋县一带出土的器物类型以兵器为主，都呈现出区别于中原器物的特征，而与三峡器物存在相似之处。

就行为制度体系而言，中原地区的礼乐文化逐渐影响了三峡文化。比如，虎钮錞于的塑造及象征意义表明中原地区盛行的礼乐文化已为巴人所接受。虎钮錞于本属于铜鼓的一种，后来逐渐成为一种礼器，其图像蕴含了多种意义，记录了巴人活动区域的自然状况、巴人的生产生活方式及其风俗习惯等。其中虎纹是对巴人祖先崇拜的反映，同时虎纹也起着沟通祖先神灵的作用；鱼纹反映了古代巴人以渔猎为主要的生产生活方式；而船型符号与巴人的军事和祭祀活动有关，在巴人眼中象征着"灵舟"与"建木"，可用于沟通天地以及生死两界；钱纹突出地反映了当时的时代信仰，这种信仰包括对富贵的追求、对避祸趋福的祈祷以及对飞升成仙的向往等。

第三节　三峡文化在中华文化中的突出价值

中国拥有960万平方千米的广阔地域，拥有56个民族，中华文化拥有五千年文明历史，从远古时期发展至今未曾中断，其精神内核主体尚存，且不断与时俱进，以全新面貌影响一代又一代的中国人。中华文化在广阔的大地诞生，各民族的相互交流和融合，共同创造和维系了具有多样性、丰富性、开放性、包容性、创新性特质的中华文化，生生不息。精诚团结的中华各民族为中华文化的形成和发展贡献了养分，发挥了作用，共同使中华文化拥有顽强的生命力和强大的影响力。三峡文化以巴文化和三峡巫文化为核心，有深入的融合性、互动的多样性、充分的开放性和审美的奇幻性等特质，在与蜀文化、楚文化和秦文化的交流与互动中不断凸显其时代价值。

从历史地理环境来看，中华大地是一个巨大的地理单元，也是一个巨大的历史文化单元，这既决定了中华文化起源的本土性，又因其多元的生态环境构筑了多种不同的人文发展机遇与文化区域，从而形成多元一体的文化体系。① 中国西南是青藏高原，西北是浩瀚沙漠，北边是蒙古高原和广袤草原，东边和南边都有大海，这些天然屏障围出一片相对独立而又十分辽阔的地域；内部有黄河、长江、淮河、珠江等水系，整体气候温和。这样的地理条件利于形成多元的文化，长期统一的政治环境促进了内部多元文化的互相交融，加之有海洋和高原作为天然屏障，中华文化因而呈现出主体性、包容性、稳定性、开放性与连续性并存的特征。三峡文化在中华大地上的形成离不开其所处的地理环境，受历史与地理两种因素影响的环境生态决定了三峡文化的发展格局。而三峡地区所形成的地域文化在中华大地上与其他地域文化有着广泛和深刻的联系，它们彼此之间共同影响、相互作用，经过漫长的发展融合逐渐构成一个更大的整体单位。三峡文化的多元性充分展示出中华文化发展中的横向联系，而三峡文化在历史上的发展与传承及其因融合其他地域文化特质而带来的改变，又充分反映出中华文化发展中的纵向联系。可以这样说，三峡

---

① 陈志贵，关捷：《中华文化与东北少数民族文化》，《地域文化研究》2017年第3期。

文化的形成、发展与演变是中华文化构建多元一体格局的一个缩影。

就三峡文化在中华文化形成过程中的作用而言，中华文化史是文化多元辩证发展的历史，每一次文化的碰撞、交流、融合都带来中华文化的跃进，刺激文化更新，推动社会前进，最终形成了丰富性、多元性与统一性相结合的中华民族文化传统；包括三峡文化在内的地域文化是构成中华文化的重要组织结构，没有三峡文化等各种地域文化也就没有中华文化。① 从距今两百万年的"巫山人"时代到新石器时代的大溪文化，再到青铜时代的古巴国，三峡文化受到周边各种文化的影响，但在发展过程中始终保持着自己的独特性；三峡文化在秦汉之后渐渐融入中华文化多元一体格局之中，"从汉晋家族墓到宋元夫妻合葬墓，从东汉画像砖石到宋明墓内雕刻，从巍巍汉阙到石窟寺遗址和造像考古，从唐宋涂山瓷窑系到明清冶锌遗址群，从秦汉小型聚落到汉至明清府县城址，从宋元山城体系到明清土司文物……重庆地区的古代文化充分融入中华大一统的发展背景里，是中国统一多民族国家发展和巩固的重要物质见证"②。

就三峡文化在中华文化传播过程中的作用而言，三峡地区是早期人类迁徙流动的重要通道和各种文化的交融之地。人们在三峡地区发现了两个距今两百万年的古人类遗址，即重庆巫山龙骨坡遗址、湖北建始龙骨洞遗址，这证明三峡地区是早期人类活动的重要地区。同时，这对于研

① 陈志贵，关捷：《中华文化与东北少数民族文化》，《地域文化研究》2017年第3期。
② 重庆文物：《重庆的文化脉络与文明特质》，https：//mp. weixin. qq. com/s/L2GhlJbKIJL4aZJiJQYSSA。

究与阐释中国早期智人与现代人的关系、现代人的迁徙与扩散等都有重要的意义。如前所述，三峡地区位置特殊，四方文化在此交汇。新石器时代，三峡地区和长江中游地区已有联系；夏商周时期，三星堆文化与三峡文化交流频繁，巴蜀两地繁荣的盐业贸易进一步密切了两地的关系，巴文化对十二桥文化的形成有重大作用，同时楚风西渐，巴文化中的楚元素十分明显；秦汉以后，中原文化在三峡地区成为主流，但三峡地区的本土文化的影响从未消散，始终以独特形式流传着。此外，明清以后的多次移民运动使其他地区的大量民众移居三峡，促成新的文化与三峡本土文化融合，促进了三峡文化的重组和更新。这一互动在丰富三峡文化自身的同时，也给中华民族和中华文化不断注入新的血液，使中华文化不断获得勃勃生机，展现出新的文化跃进。列数三峡文化的发展与变化，交流、借鉴和融合是其发展的主流，三峡地区的文化特质逐步与周边地区文化融合，最终形成了具有中华民族精神特质的文化形态。

总的来说，三峡文化起源于物产丰饶的三峡地区，特殊的生态环境为三峡文化提供了特殊的成长空间。巴文化的物质符号体系有助于我们了解三峡地区的历史进程，以及远古时代、古代中国各民族的融合和迁徙；巴文化的精神文化体系对于了解巴渝地区人民的价值取向和精神追求，对于理解中华文明多元一体格局有着至关重要的作用；巴文化的行为制度体系对今天我们充分认识和发展巴渝文化及当地经济有着重要的启示作用。三峡巫文化之于长江巫文化乃至中华巫文化都有特殊意义。三峡地区是中华巫文化的发源地之一，该地巫文化积淀深厚，通过与相邻地区的文化相互影响，而将巫文化的发展推向高潮，对中华文化形态的形成起着不容忽视的作用。可以说，三峡巫文化的兴起和繁盛深刻影响了长江地区乃至整个中国的物质文明与精神文明。认识、理解三峡巫文化所表现出来的宇宙观、哲学观和自然观对于今天的艺术创作、审美溯源有着重要的启示意义。

　　从地理位置上看，三峡地区地处长江流域上游末端的峡谷地区，是长江中下游平原与长江上游成都平原的天然分界区，正好成为两大平原的过渡、连接处。从地理空间上看，自古以来，奔腾不息的长江不仅在上、中、下游塑造了各具特色的地理环境，并孕育出川蜀文明、三峡文明、荆楚文明、吴越文明等具有鲜明特色的地域文明，它们共同构成了长江文明的主体。

第九章　三峡文明的进程

通过考察时空变迁，可以探寻三峡地区文明演进的一般规律，总结不同历史时期三峡文明的特点。三峡地区流传着大禹治水的传说。相传尧舜禹时期，四川盆地洪水泛滥，大禹开辟三峡为疏导水流的通道，使得大水冲出夔门，向东流向坦荡的平原，最终注入大海。大禹治水的神话故事为川江的旖旎增添了不少人文色彩，同时也反映出三峡地区人民为了生存与自然进行抗争的历史事实，以及对风调雨顺的美好愿望。

第一节　三峡农业文明进程

早在新石器时代，三峡地区就有了以大溪文化为代表的原始农业文化，只是当时的农耕面积很小。奉节三沱遗址发现了石片等石制品和猪、羊等动物化石。奉节横路遗址出土有利用率较高的石核、石片及经过简单加工的刮削器。奉节鱼复浦遗址也出土了火塘遗迹及大量的石制品、动物骨骼标本。奉节鱼复浦遗址的下部文化层还出土了距今约 8000 年的陶片，表明当时三峡地区就已经有了陶器。陶器具有贮藏功能，这极可能表明当时的三峡先民已抛弃东奔西走、随遇而安的生活方式，逐渐走向定居生活；陶器还可用于蒸煮食品，这表明三峡先民很可能掌握了蒸煮这一烹饪方式，不再仅仅通过火烤获取熟食。这些发现是探索三峡地区新石器时代文化的重要线索，也清晰地展现了三峡地区农业的兴起与发展。

走向定居生活后，三峡先民选择一些环境相对较好的河谷地带从事原始农业生产。由于人口数量少，加之采集、渔猎等方式同时并存，因此，原始农业生产也能满足人们需要。从大溪遗址出土的器物中可知，当时的农业生产工具以石斧、石铲、石锛、石镰为主，石器多以鹅卵石制成，器身较薄，刃部锋利。大溪遗址还出土了一些蚌镰等其他材质的工具和谷物遗存，以及猪、狗、牛、羊等动物化石，由此可知其原始农业已发展到一定水平，且农业在当时人们生活中占有重要地位。此时，渔猎经济仍然存在并具有一定规模，因为遗址中还出土了不少鱼钩、石矛、骨矛、石镞等渔猎工具，以及鱼、龟化石。

先秦时期，楚国及其附庸夔国先后建都于三峡地区。随着巴国、楚国的诞生与发展，三峡地区的农业有了一定的发展，多分布于峡内宽谷地带，主要种植粟、黍及少量的水稻，虽然规模仍然不大，但"山坡畬""梯田灌""台地种"等较为复杂的多模态农业生产形态已基本形成，并已渐渐可与"山上捕""林里采""水下捞"的渔猎采集生产形态抗衡。秦吞巴国后，在三峡以西地区积极发展农业生产，给当地带来了许多先进的农业生产技术。这一时期三峡地区开始出现铁器，铁制农具的使用大力推动了农业的发展，使生产率大大提高。

三峡地区出土的铁质农具

　　秦代中原地区战乱频繁，而三峡地区战乱较少，许多中原地区的人民为避战乱而迁入三峡地区，这使其农业得到了进一步的发展。秦在巴蜀地区推行田律，先进的土地制度与耕作方式也使得三峡地区的农业生产得到进一步发展，封建农业经济快速超越渔猎经济，成为当时三峡地区经济发展的代表。秦汉时期，三峡地区基本上未发生重大自然灾害，加之铁制农具推广迅速，因而农业经济得到持续发展。这个时期，农田垦殖主要集中在长江两岸的平坝与台地上，水利建设也主要分布在这些地区，沿江农田水利灌溉主要靠溪流灌溉，部分地区有堰塘出现。

　　魏晋南北朝时期，三峡地区种了很多柑橘、甘蔗、荔枝、桂圆，这些经济作物的种植对地方经济文化的发展起了较大作用，许多热带、亚热带水果也在此生长良好。这一时期三峡地区的经济结构以沿江水田农业、近山畲田、商业转输、盐业开发、林副业开发并重。

隋唐时期，三峡地区的人口密度仍不算高，农业生产上仍然盛行刀耕火种。隋代，常以火烧山，两岸时有崩塌；唐代，三峡畲田增多，从山脚发展到了山坡。畲田是一种原始粗放且具神异色彩的耕种习俗，畲田农业也是一种完全依靠自然的耕作，主要通过焚烧草木来肥田。此时兴起的畲田运动，由于主要局限在近江丘陵和山地，对三峡地区整体人地结构的影响并不明显，但在这种结构下，形成了多行业并重的局面和"农不如工，工不如商"的开发格局。畲田开发虽然不够精细，经济效益不够突出，但在人地矛盾不明显的情况下，近山畲田与沿江稻作的搭配有其合理的生态价值和产出效益。这种经济开发模式合理地利用了三峡地区的区位优势和资源优势，使产业开发与资源配置相对合理，三峡人民也因此能够获得温饱。此外，这一时期三峡地区的荔枝、橘子、柚子等经济作物的种植较为发达，获得了良好的口碑。

宋代，三峡地区的经济开发仍以农业生产为基础。由于自然地理环境的限制，三峡地区在宋代基本还是处于刀耕火种的粗放型农业阶段，以种植业为主。由于人口的发展和官府采取的一些积极措施，当地的农业生产取得了较大的发展。梯田的出现、畲耕的继续发展和牛犁等先进生产方式的引入使用，以及水稻的种植、农田水利建设的加强，使广大山区得到进一步的垦殖，经济开发步伐加快。以麦、粟、豆、稻为主的粮食作物的推广种植，以桑麻、茶叶为主的经济作物的合理栽培，使宋代三峡地区的种植业得到了比较全面的发展。"靠山吃山，靠水吃水"，果树的种植、中药材的采集、林木的砍伐与加工，以及狩猎、捕鱼、畜牧等经济活动，都是三峡人民生产活动的重要组成部分。总体而言，这一时期三峡地区的农业仍然较为落后，远不如同时期的其他地区尤其是成都平原、长江中下游平原等农业发达区，奉节、云阳、巫山一带仍然流行宽谷引水灌溉的耕作方式，山地的半坡多为畲田。

明清时期，大量移民将玉米、红薯、马铃薯等性能优良的物种带进三峡地区，很大程度改变了三峡地区的粮食作物结构和百姓的主食结构，山地旱作物种植经济兴起，逐渐取代自秦汉时期形成的农耕、渔猎复合经济。明代初期，在全国鼓励开荒的政策下，三峡农业取得一定的恢复和发展，这一时期还兴修了一些小型水利工程，以小型坡塘为主，稻田主要分布在沿江河谷地带与丘陵间的台地上。明末清初，战乱对长江中上游的社会经济影响非常之大，三峡地区人口大量损耗。局势稳定后，为了开发长江中上游，清政府出台了若干鼓励移民西进的政策，随着"湖广填四川"的进行，大量移民涌入三峡地区。移民带来了新的农业生产技术，同时也带来了玉米、红薯、马铃薯等适应性强、产量高的旱地作物，这些农作物的传入和推广又进一步刺激了人口的快速增长，于是三峡地区沿江平坝台地的居民便向三峡腹地的深山挺进，农业生产进一步大范围展开，深山老林也被垦殖，形成了以旱地农作为核心的产业结构。在此种形势下，大量森林消失，生物多样性与产出多样性都遭到削弱，从而出现"辛苦开老林，荒垦仍无望"的局面。此外，明清时期三峡地区水果种植种类丰富，桃、李、柿、枣、梅、橙、石榴、枇杷、橘、柚、梨、柑、樱桃、无花果等都有出产，其中柑、橘、橙、柚等尤为出名，甚至在清代，在万县形成了专门的"橘市"。

民国以后，特别是全面抗战时期，大批人口逃难至三峡地区，带来了更多先进的耕作技术与管理方法，使得三峡地区的平坝、山地、宽谷等地带都成为稻田种植区，高山区与陡坡地带则多为旱地，以种植马铃薯、红薯、玉米为主。同时，水果种植、禽畜类养殖规模也有所扩大。

纵观各个时期，农耕文化贯穿三峡地区人民生产生活的各个方面。农耕文化地域的扩展伴随着农业生产技术的不断革新，而三峡地区农业生产技术的不断提升则与移民活动关系密切。

第二节　三峡手工业和商业的文明进程

从经济形态的角度来看，巴文明经历了从渔猎采集模式到山地农业模式，再到手工业与商业并重模式的发展过程。从距今约 4600 年前起，以中坝文化为代表的一系列文化开始进行规模化的井盐采煎。这是中国较早的规模化、商品化盐业生产，对于促进区域内社会分工和阶层分化起到了重要的推动作用。这一生产方式极大地促进了四川盆地的文明萌发，支撑了巴蜀古方国的持续发展。西周时期，巴地的濮人曾以丹砂作为贡品进献给周天子；战国时期，巴寡妇清成为采炼丹砂的大实业家、大商人，从而"礼抗万乘，名显天下"。此外，巴地还盛产清酒、辛蒟、茶叶、铜铁等物产。这种极具特色的经济体系，体现了巴文明起源发展的独特路径。

这种发展路径从巴式尖底杯的发展和演化中可见一斑。就陶器而言，尖底器皿普遍存在于新石器时代文化中：中原地区仰韶文化的典型陶器就包括了小口尖底瓶；在江汉地区，尖底陶缸是龙山文化时期广泛流行的大型器物，且一直沿用到商周时期；鄂西的大溪遗址、屈家岭遗址、石家河遗址，也出土了许多类似器物。夏商时期，峡江地区流行的陶器除尖底陶缸外，还有尖底小罐或尖底杯，后者广泛出现在巴文化遗存中，通常被认为是巴文化的代表性器物之一。巴式尖底杯的使用与三峡地区制盐业的发展密切相关。三峡地区有着丰富的盐卤资源，自古就是中国井盐的重要产地。最迟在商周时期，三峡地区就已经出现了一定规模的制盐业，这在《华阳国志》《汉书》等典籍中都有记载。在古代，渔业与盐业的发展关系密切，鱼、盐在古代文献中常常同时出现。据《后汉书·南蛮西南夷列传》记载，三峡地区制盐业的繁荣与渔业的兴盛关系匪浅。现今三峡地区的远古渔业遗存分布与远古盐业遗存分布呈现出交相印证的关系。至春秋战国时期，巴式尖底杯得到进一步推广，广泛分布于整个三峡地区，表现出强烈的地域色彩。而且，春秋战国时期的尖底杯的大小和容量相对统一，且常常出土于制盐建筑遗存中，这很可能是制盐工艺标准化和优化的结果。巴式尖底杯还随着巴蜀地区兴盛的盐业贸易传入川西平原。

注：重庆市文物考古研究院供图。

丰都九道拐遗址

人类从使用石器到铸造青铜器，标志着技术发展的重要飞跃，这一飞跃成为推动社会变革和进步的强大动力。青铜时代，三峡地区与周边地区已存在着文化交流。在这种文化融合的过程中，该地区积极借鉴和吸收其他地域的技术文明，对青铜器的铸造进行改进，提高了其实用性和艺术性。在这个时期，三峡地区的水路交通相较于陆路交通具有更为重要的意义。春秋战国时期，三峡地区铁器的广泛使用，大大提高了生产效率，对当地社会经济发展起到了重要的推动作用。该地出土的相关时期的铁器为我们研究中国南方地区冶铁业史特别是楚国、巴国等地区的冶铁业史提供了重要的实物资料。

秦统一六国后，三峡地区的商业有所发展，沿江一带形成许多集市，进而形成繁荣的聚落，呈现出勃勃生机。

巫山古城遗址出土的大量汉代器物，印证了汉代崇尚厚葬的风俗。巫山张家湾遗址的发掘成果表明汉代三峡地区曾有较发达的农业及手工业活动：陶窑和废铁渣、废陶坯及大量陶片、汉代砖瓦的发现充分表明当时三峡地区的手工业活动已具相当的规模；铁锸等铁制农具及猪、马等家畜骨头的发现表明其时三峡地区农业已相当发达。涪陵出土的窑炉群是重庆出土的首个汉代窑炉群，发掘成果表明汉代三峡地区窑炉分工已十分细致，不同的窑炉负责生产不同的产品，如有的专门生产砖瓦，有的专门生产生活器皿，有的专门生产明器，等等。

六朝时期，三峡地区政治局面较为稳定，经济有所发展，长江上、中、下游交流日趋频繁，三峡地区成为柑橘、甘蔗、荔枝、桂圆的种植中心，许多热带、亚热带水果在此生长良好。晋有"巴郡葛，天下美"之说，说明当时三峡地区的葛麻纺织已闻名于世。同时，受中原地区的影响，三峡地区的手工业较为发达，门类繁多。青铜器的铸造技术与装饰技法也有所提高。宜昌前坪汉墓出土的一件铜矛，制作精致，上刻"枳"字。漆器制作也是三峡地区的传统手工业，三峡人民利用山林中的竹木与生漆制作漆器，并同周边地区的人们进行贸易。

隋朝，结束了自汉末以来的三百多年的动乱局面，重新建立了大一统王朝，在这一过程中三峡发挥了重要的战略通道作用。在政治分裂严重的历史时期，占有三峡地区的统治者为充实军备，无不对盐业生产和盐税征收采取严格管理。隋文帝统一天下后，放开盐禁，百姓得以自由取卤煮盐，政府亦不征收盐税。这一时期，盐资源由官府与百姓共享，三峡地区的盐业生产因而得到了一定程度的发展，对当地经济生态产生了重要影响。唐初，政府在盐政上沿袭隋代放开盐禁的政策，"盐池、盐井与百姓共之"，客观上有效地刺激了三峡地区盐业生产的发展，给三峡地区社会经济注入了很大的活力。唐宋之际，四川的发展重心逐渐转向以重庆为中心的川东地区，这为三峡的发展带来契机。随着三峡地区经济开发强度的增大，沿江过境贸易发达，沿江城市地位较高，近江的山地兴起了"畲田运动"。此时三峡地区成为连接四方的要地，既是移民通道，也是商贸通道，经此转输的货物有川米、蜀布、蜀麻、吴盐等，因过境贸易发达而在云阳明月坝形成了一个繁荣的市镇。

宋代是我国封建社会经济高度发展的重要时期。随着全国政治经济重心的南移，以长江流域为中心的南方经济得到了长足的进步，三峡地区的经济地位逐渐上升，经济开发明显加快。随着人地矛盾的凸显，以及农业生产逐步向山区拓展，三峡地区原有的自然经济格局慢慢被改变，手工业和商业在该地区逐渐占据重要地位。宋代三峡地区的手工业发展相对落后，不过盐业的开发在此前便已展开，并在宋代得到了更大的发展，成为当地的支柱产业。酿酒、纺织等其他行业作为宋代三峡地区手工业生产的重要补充，推动着当地经济向前发展。由于特殊的地理位置，三峡地区较其他山区有着特殊的交通优势，以水路为主，陆路为辅，较密切地连接着东南部发达的扬州等地和西部的成都平原。随着水陆交通的发展，三峡地区自唐以来兴起的商品转输贸易在宋代开始繁荣起来。随着商品经济的发展，宋代三峡地区出现了大量草市镇，但拥有草市镇较多的州一般都分布在沿江地区。交通航运业也因商业经济的繁荣得到了更大的发展。以畲田、梯田种植为核心的农业，以盐业开发为代表的手工业，以沿江转输贸易为主体的商业，构成了宋代三峡地区经济开发的主要内容。

元明清时期，三峡移民促成了三峡地区经济多样化发展的新格局。随着大量移民涌入三峡地区，明清时期的经济开发一改过去移民滞留在沿江平坝、丘陵和台地地区的格局，形成外地移民从各个方向深入三峡腹地进行开发的局面。清末"川盐济楚"的出现，进一步繁荣了四川盐业，促进了三峡地区的商贸往来。

第三节　三峡城市建设的文明进程

城市建设有两个主要的发展方向，一是城市的规模，二是城市人口的多寡以及移民数量的多少。

青铜时代，随着夔国的出现，三峡地区的城市建设有所推进。秦灭巴蜀后，在三峡地区设立郡县，推动了当地的城市建设。秦统一六国后，三峡地区与中原地区的联系进一步加强，三峡地区的城市规模有所扩大，其建设也广泛受到中原地区的影响。

西汉实行郡国制，但三峡地区并未设立封国。汉武帝在推行推恩令后，将全国划分为十三州，并设刺史施行监察。此时的州并非实质上的行政区划，仅是一种监察区，没有固定治所。直到东汉末年，州才正式成为一级行政区划。两汉时期，巴蜀地区迎来了两次移民高潮：一是汉高祖时期，关中大饥，令民"就食蜀汉"；二是东汉末年，"南阳、三辅流民数万家避乱入蜀"，其后刘备、诸葛亮又率荆兵数万，经三峡入蜀。

魏晋南北朝是我国历史上北方民族大融合的时期，也是中原人民从北向南迁徙的一个重要时期。西晋以后，北方战乱不休，大量流民南迁，经由三峡入川；而川西平原同样兵燹屡兴，蜀地人口又向东迁移。在这个过程中，有许多人口滞留在三峡地区，使得三峡地区人口不断增多。大量北方移民入蜀后，统治者在巴蜀地区侨置郡县，对当地的文化发展影响很大。持续数百年的移民，使得大量北方人口定居在三峡地区，长江流域与黄河流域之间的经济差距逐渐缩小，但三峡地区仍然落后于荆吴地区。

唐代的行政区划，在较长时期内主要分为道、府（州）、县三级。这一时期三峡地区再次迎来两次移民高潮。一是唐中叶安史之乱爆发后，唐玄宗率文武百官及后宫妃嫔逃往蜀地；二是唐末黄巢攻陷洛阳、逼近长安时，唐僖宗又率宗室、大臣奔蜀，其后关中大族随之逃往蜀地。移民的大量涌入，不仅促进了巴蜀地区的经济发展，还深刻影响了当地文化的发展，特别是移民中有不少著名诗人，他们促进了三峡地区诗歌文化的繁荣。

宋代的行政区划主要分为路、州、县三级。与唐代相比，宋代三峡地区的行政区划更复杂，所设州县等更加整齐划一；

这说明三峡地区经济开发的组织与管理在宋代得到了进一步的重视和加强。由于特殊的地理位置、经济重心的南移和移民活动的持续进行，整个宋代三峡地区的人口基本上一直呈增长趋势，且增长幅度较大，但绝对数量仍然不多，三峡地区仍属于地旷人稀的地区。快速增长的人口，特别是移民人口为两宋时期三峡地区的经济开发注入了新的活力；人口的迁移促进了先进生产技术的传播，带动了落后地区的开发。唐宋时期的许多文化名人都曾游历或留居过三峡，为三峡经济文化的发展作出过贡献。南宋末年蒙古大举进攻四川，更使得大量人口"谋出峡以逃生"。

注：重庆市文物考古研究院供图。

南宋城墙与宋明建筑群遗址

元朝统治者在西南地区针对少数民族建立土司制度，这时三峡地区也有部分土司。明代，三峡地区及其周边的省界基本形成，沿用至今达七百多年历史。元明清易代之际，三峡及其周边地区战乱不断，瘟疫、饥荒屡屡发生，导致大量人口死亡，因而催生了"湖广填四川"运动。元末明初、明末清初两次大的"湖广填四川"运动，补充了三峡地区因战乱而减少的人口，成为三峡地区人口恢复和增长的主要因素。大规模移民之后，随之便出现了经济"开发高潮和社会经济文化的发展繁荣"。

宋元及明清时期处于我国封建社会的中后期，虽然在朝代更替过程中战乱频繁，但社会总体保持稳定，经济持续向前发展。经济的繁荣带来人口的增加，这对这一阶段城镇数量的增加与规模的进一步扩大无疑是有利的。三峡地区虽远离当时的政治、经济和文化中心，但地理空间上的重要战略地位和区域内存在盐铁、药材、水果等丰富资源，以及便利的水上交通条件，使得三峡地区各城镇顺应时代潮流得到了充分的发展。这一时期峡江两岸的城市建设主要有以下三个方面的特征。

第一，城镇的选址与前代基本一致，皆位于临江两岸的平缓台地上，城镇沿台地向东西展开，呈"一"字形布局，后根据城镇的体量再由江边向山上的台地逐步拓展。这样的选址与总体布局是由峡江地区的地形地貌决定的，虽与中原地区相异，但它符合三峡城镇建设的基本规律，反映了三峡先民依靠自然、顺应自然和改造自然的强大能力。

第二，城镇的数量与规模有所扩大，城内布局有科学的规划，衙署区、居民区、仓储区、寺庙区、商业区布置合理，给排水沟渠、道路、水井等基础设施建设日益完善，使得城镇运营更加顺畅。在巴东旧县坪遗址中发现的道路交通网充分反映了当时的城镇交通水平：位于城市中央的一条东西向的主干大道将城镇的东、西区连接起来，六条南北向的主干道路与东西大道相交，在构成纵横交错的城市交通总框架的同时，将整个城市分为不同的功能区；其他小街巷则与各主干道相连，通往城市的各个区域。这样的布局使城市活动秩序井然。

第三，军事职能与商业职能是三峡地区城镇建设的重心。比如南宋时期，三峡地区处于抗元前线，南宋朝廷便在这一区域构筑了山城防御体系，其指挥中枢就设在今天的重庆。重庆老鼓楼衙署遗址、合川钓鱼城遗址、奉节白帝城遗址正是反映宋元战争的重要军事遗产，其布局和形制反映了宋人将城镇、山川和军事防御相结合的高超技艺。例如，为了抵抗骑兵而创造性修建的一字城墙。同时，三峡地区交通便利、物产丰富，沿江两岸城镇便利用长江航道进行商业贸易，于是形成了不少商业性市镇或在大城镇中形成集中的商业区。

总之，不同历史时期的三峡文明各具特点，共同形成一个不间断的文化序列，演绎了三峡文明古老而不朽的传奇。

第十章　三峡文明与中华文明

习近平总书记在 2017 年 12 月 1 日中国共产党与世界政党高层对话会上提出："中华民族拥有悠久历史和灿烂文明，但近代以后历经血与火的磨难。中国人民没有向命运屈服，而是奋起抗争、自强不息，经过长期奋斗，而今走上了实现中华民族伟大复兴的康庄大道。回顾历史，支撑我们这个古老民族走到今天的，支撑 5000 多年中华文明延绵至今的，是植根于中华民族血脉深处的文化基因。中华民族历来讲求'天下一家'，主张民胞物与、协和万邦、天下大同，憧憬'大道之行，天下为公'的美好世界。""世界各国人民应该秉持'天下一家'理念，张开怀抱，彼此理解，求同存异，共同为构建人类命运共同体而努力。"

从文化地理学角度出发，人类活动所创造的文化在起源、传播等方面与环境具有紧密的关系，此关系同时受到外界因素的影响，又会随时间变化而变化，从而体现了发展、演进、更替的客观规律。[1] 三峡地处长江流域的上游，气候条件与地理位置较优越，在漫漫历史长河中，川蜀文化、三峡文化与长江流域中下游的荆楚文化、吴越文化交流融合、互相渗透，共同构成了璀璨的长江文明的主体。

---

① 卢峰：《重庆地区建筑创作的地域性研究》，重庆大学博士论文，2004 年。

而长江流域文明又与黄河流域文明共同构成了绚烂多彩、多元一体的中华文明。

第一节　中华文明对三峡文明的促进

三峡文明是中华文明的一部分，中华文明对三峡文明的促进主要体现为三峡文明以外的中国其他地区文明对三峡文明的促进。从三峡文明的历史演进中可以发现，相对于整个中华文明而言，三峡文明的许多方面表现出一定的滞后性。文明的进步需要开放和包容，而三峡文明因积极吸收中国其他地区的文明中的先进元素，推动了自身的进步。

一、地方政策的统一与完善

"一个地区行政中心的规模与布局，显示行政中心与行政区域空间关系的协调程度，它们既以区域的政治经济条件为基础，又对区域的管理与发展产生巨大影响。"①

巴国历史源远流长。《山海经·海内南经》载："巴蛇食象，三岁而出其骨"。《山海经·海内经》载："西南有巴国。大皞生咸鸟，咸鸟生乘厘，乘厘生后照，后照是始为巴人。"《华阳国志·巴志》辑录的《洛书》曰："人皇始出，继地皇之后，兄弟九人分理九州，为九囿。人皇居中州，制八辅。华阳之壤，梁岷之域，是其一囿，囿中之国，则巴、蜀矣。"又曰："五帝以来，黄帝、高阳之支庶世为侯伯。及禹治水，命州巴、蜀，以属梁州。""巴国远世，则黄、炎之支封。"《路史》载："伏羲生咸鸟；咸鸟生乘

厘，是司水土，生后烄；后烄生顾相，降处于巴，是生巴人。"据《华阳国志》记载，大禹曾"会诸侯于会稽，执玉帛者万国，巴蜀往焉"。大禹治水成功后举行盟会，巴国受邀参加，这说明其时巴国与中原政权存在较为紧密的联系，是被大禹正视和重视的政权之一。传说夏朝建立以后，夏启曾派孟涂主管巴地诉讼："夏后启之臣曰孟涂，是司神于巴。"《山海经》称孟涂住在巫山："（孟涂）居山上，在丹山西。"《路史》则称"丹山之西即孟涂之所理也。丹山乃今巫山"。《巫山县志》也有类似记载："孟涂祠在县南巫山下。"商王朝将巴方视为其"甸服"，商代晚期还有妇好"伐巴方"的传说。武王伐纣后，分封宗室到巴地建立巴国，巴地成为周之南土。春秋时期，巴国与周边各政权进行广泛的互动，并作为一个有力政权频频参与诸侯盟会，这一时期巴国与周王室仍保有政治上的从属关系。

由于史料缺失，难以考证上述时期具体的行政区划，但是"三峡地区的行政区划历史最早可追溯到战国中期楚国设置的巫、黔中、巴郡"[①]。彼时巴国在与楚国的战争中落败，不得不弃地而逃，三峡地区便成为楚国的疆域，当地出现了巴文化与楚文化的融合。公元前 316 年，秦灭巴、蜀，在巴国故土的部分地区推行羁縻制度，为之后两千年中国的边地治理开制度先河。

从基层行政中心的发展史来看，"秦汉时三峡分属于巴、南二郡……这是重要的奠基阶段。县级行政中心西汉有 8 个，东汉有 9 个，均沿江分布于长江与支流交汇处，又多为故国城邑，附近出产柑橘、食盐等，交通、经济条件好，并有历史基础，这为后来基层行政中心的布局奠定了

---

① 杨光华：《三峡地区行政中心的变迁》，《光明日报》2012 年 1 月 19 日。

基础。"① 汉武帝时，全面加强中央集权，大力推行儒家思想，在政治和文化上实现了"大一统"。这一时期巴文化基本融入中原文化，总体上完成了"华夏化"的历史进程。到了东汉，据《华阳国志·巴志》记载，巴郡太守但望意识到在远离全国政治中心的地区，地方行政中心与行政区域空间分配是不合理的，比如巴郡"远县去郡千二百至千五百里，乡亭去县或三四百，或及千里。土界遐远，令尉不能穷诘奸凶……或长吏忿怒，冤枉弱民，欲赴诉郡官，每惮还往。太守行桑农不到四县，刺史行部不到十县"，但望因而提出分郡的建议，但没有得到批准。东汉末期，"增置郡土"的条件成熟，巴郡一分为二，县的调整也随之展开，到三国时三峡地区县级行政中心数量比以前翻了一倍，这是三峡地区基层行政中心规模的第一次大变化。② 两晋南北朝时期，三峡地区的基层行政中心数量没有增加，主要是因为当时政权分裂、战乱频仍，缺少统一的、强力的政权对三峡地区进行行政管理。直到唐宋以后，其数量才开始不断增加：从纵向来看，三峡地区基层行政中心数量的变化大体上顺应了各阶段地方管理与发展的形势与要求；从横向来看，基层行政中心的分布变迁也顺应了不同区域管理与发展的形势与要求。③ 元明清时期，三峡地区经历了毁灭性破坏与恢复发展的几次轮回。从大时段来看，其人口、经济总体呈现出增长趋势，但县级行政区数量及分布格局没有大的变化，表明经历千余年的发展、调适，三峡地区基层行政中心的布局已进入相对稳定阶段。

　　"与基层政区行政中心的分布趋于合理不同，汉末以来

① 杨光华：《三峡地区行政中心的变迁》，《光明日报》2012 年 1 月 19 日。
② 杨光华：《三峡地区行政中心的变迁》，《光明日报》2012 年 1 月 19 日。
③ 杨光华：《三峡地区行政中心的变迁》，《光明日报》2012 年 1 月 19 日。

高层政区的行政中心与管理区域的空间关系显得比较复杂。秦汉巴郡治江州，三峡地区有一个高层行政中心。东汉末分郡后，高层行政中心增加到3个。但州变为政区后，高层行政中心又在三峡地区之外。自三国至南齐，三峡地区分属于荆州（治江陵）、益州（治成都）的格局大体不变。南梁以后，州郡增多，是地方政治混乱的表现。隋、唐前期进行改革调整，高层行政中心隋炀帝时有3个，唐前期有8个。唐后期，剑南东川、山南西、荆南和黔中道的行政中心均远离三峡地区。宋代情况比较好，夔州路领有三峡大部分地区，行政中心也在区内。元明清时期，省级行政中心又远离三峡地区。行政中心与管理区域的关系的紧密与疏远，直接关系到地方治理与发展的成效。……元明清时期，四川、湖北两地对三峡地区的控制经营都有鞭长莫及之感，所以三峡地区的经济地位越来越低，社会问题也特别突出，如明末清初夔东十三家起义、清中叶白莲教起义，都以三峡地区为重要活动区域，反映了当时经济落后和社会矛盾突出的现状。"①

　　从三峡地区行政中心的历史变迁可以看出，传统社会优化地区行政管理空间结构的主要途径是合理控制行政中心的数量与分布。② 三峡地区基层与高层行政规划方面所体现出的不同思路和操作方式，充分体现了中华文明在地方治理策略上的先进。在实施行政区规划的过程中，一方面要确保地方社会稳定并使之置于中央统治者的掌握和控制之下，以防动乱发生；另一方面，还需加强对地方的扶持，以避免经济与文明发展水平在各地产生过大的差距，从而

---

① 杨光华：《三峡地区行政中心的变迁》，《光明日报》2012年1月19日。
② 杨光华：《三峡地区行政中心的变迁》，《光明日报》2012年1月19日。

遏制逆反力量的集聚。

从封建统治者的角度来说，对三峡地区行政区划的调整和变更是一种维护自身统治的政治手段。然而，从客观角度来看，这种调整和变更对三峡地区的发展起着积极的推动作用，加速了该地区的技术进步和社会变革，促进了三峡文明融入中华文明。

二、图腾信仰的转变与融合

"图腾起于人类'寻找生父'的原始觉悟、冲动与需求。错将山川、动植甚至苍穹之类，认作人自身的生身父亲，作为准生命、准生父意识的发蒙，原始图腾是自然崇拜与祖神崇拜的结合。"[①] 受到中原地区图腾崇拜的影响，三峡地区推崇的图腾从"虎""蛇""鱼""龟"转向了代表王权的"龙"。三峡地区图腾崇拜的变化，表明三峡地区接受了中原地区更为先进的、大一统的价值观。信仰"虎""蛇""鱼""龟"等图腾，是三峡巫文化的具体表现，而巫文化带来的等级制度是比较落后的，除了负责连接天地的巫师，包括动植物和人在内的一切都是平等的。龙图腾崇拜则不然，这一体系在图制上就清晰地表现出等级制度的差别，"五爪龙"和"三爪龙"受到的礼遇是不一样的，龙与其他动物受到的礼遇更是大相径庭。这一信仰体系也给三峡人民带来了较为先进的知识，推动了三峡地区的文明化进程。

除了对"龙"图腾的接受，对多种动物图腾的认同并将之组合成新的图制更凸显了三峡文明对其他文明的借鉴与认同。现藏于重庆中国三峡博物馆的战国鸟形尊和虎钮

---

① 王振复：《中国巫文化人类学》，山西教育出版社 2020 年版。

錞于，是春秋战国时期三峡地区的代表性器物。鸟形尊虽然带有突出的地域特征，但仿效中原文化的痕迹同样明显。整体来看，其特殊的纹饰、造型等均展现出深厚的美学造诣和独特的地域文化特征。虎钮錞于是古代的一种青铜打击乐器，在巴地接受中原文化的影响后，虎钮錞于便具有了许多社会功能，如用于祭祀、结盟、征战等。如前所述，鸟形尊和虎钮錞于体现出来的造神意识与中原文化中对"龙"的图式构造与图像尊崇如出一辙。鸟形尊整体呈鸟形，有鱼嘴、鹰鼻、兽耳、凤冠、鸽身、鸭脚，通体饰有细密的羽纹，显然是结合虎、鱼、鹰、凤等图腾形成的产物。虎钮錞于的文化内涵蕴藏于各部分图像之中，记录了巴人活动区域的自然状况、巴人的生产生活方式以及风俗习惯等，其中虎纹是对祖先崇拜的反映，鱼纹反映了古代巴人族群以渔猎为主要的生活生产方式，船纹与巴人的军事和祭祀活动有关，钱纹这一外来符号则体现了巴人对周边文化的借鉴与吸收。

三、农业技术的变革

古代中国是一个农业大国，农具是重要的生产工具，农具的制造与农业发展息息相关。三峡地区出土了不少各个时期的农具。根据相关统计，湖北的秭归、巴东、兴山，以及重庆的忠县、云阳、奉节、万州、涪陵、丰都、巫山等地，总计约有一百处遗址有农具出土。其中，两汉时期的农具数量尤为丰富。确认为秦代农具的种类和数量不多，主要出土于重庆万州、忠县、涪陵和湖北巴东等地。这些秦代农具主要包括锸、镰、锄、镢等，而且以石质农具为主，铁制农具相对较少；在石质农具中，石斧的数量最多。

三峡地区出土的两汉六朝时期的农具，无论是地域分布、种类还是数量，都较秦代大为增多，尤以西汉时期为甚，这与秦统一后中原地区先进的农业生产方式和技术的传入存在着密切的关系。

从考古资料看，秦代的铁质农具还比较少，但经过秦代的发展，到汉代时，铁质农具大大增加，种类更加丰富。从巫山、云阳、丰都等地发现的冶铁遗址及铁器类型观察，三峡地区出土的汉晋时期的铁器应为本地冶炼和铸造而成。铁器冶铸，是该时期三峡地区非常重要的手工业。由于铁器的广泛应用，三峡地区的渔猎经济逐渐被改变，推动了该地区山地农业的发展。

随着农具制造技术的进步，畬耕法应运而生，并在唐宋时期逐渐成为三峡地区一种重要的耕作方式。尽管这种"刀耕火种"式的耕作方式较为粗放，且与河谷地区的普通农田耕作方式存在明显的差异，但它却促成了三峡地区独特的垂直式农业景观，成为该地区农业生产的一大特色。明代，三峡中部地区的水利发展明显落后于西部地区，该地区的畬田农业仍占据了较大的比例。然而，随着时间的推移，畬田由烧木转向烧草，这表明畬田农业在三峡地区即将退出历史舞台。

"清代初年三峡地区农业垦殖仍是土多田少，但西部地区在水田运动风潮下，田的比例相对更大些。清中后期三峡地区册载的田土比例中土的比例增大，而实际上的土的比例会更大，这是清代三峡地区移民旱地垦殖风潮的结果。"①

---

① 蓝勇：《明清三峡地区农业垦殖与农田水利建设研究》，《中国农史》1996年第 2 期。

中原文明对三峡文明最显著的影响之一便是先进生产技术的传入，这直接推动了三峡地区的技术文明变革与升级，使三峡地区的产业从落后走向进步。中原地区耕作技术的引入推动了三峡地区农业的发展与进步。受限于自然条件，三峡地区的农业生产发展进程十分缓慢，这也曾在多个历史时期造成了人口的大量减少，乃至需要通过行政力量推动移民的迁入，但是在中原地区的先进农业技术传入后，三峡地区的农业发展出现了较大起色，很大程度地缓解了当地的经济压力和粮食压力。

第二节　三峡文明对中华文明的丰富

中华文明海纳百川，有容乃大，包容性很强，既包括栖居于黄河、长江流域的，较早以农耕生活为特质的华夏文明，也包括若干以游牧生活为特质的少数民族文明。中华文明在历史长河中不断演进，其发展过程正是多种文明因素相互交融整合的过程。这一整合模式主要表现为以华夏文明为核心，通过扩散与趋同机制，实现核心与周边的互动与融合。中华文明并非一个封闭、静止的体系，不同地区的各种文明在相互交流中完成相互借鉴与融合并不断发展变化，在此过程中可以看到三峡文明对于中华文明的丰富和深化。

作为中华文明之海中的重要一流，三峡文明在历史演进发展中泛起了美丽的浪花。回溯五千年的历史文明之河，三峡文明以其独特的巫文化史、盐传播史、建筑史、美术史而在中华文明中独树一帜，与其他文明交相辉映，共同熔铸出璀璨的中华文明结晶。

一、中华卤盐业的排头兵

三峡地区在中国早期盐业发展中扮演了重要的示范角色，是中华文明中推动盐业和商业发展的排头兵。

盐是人类祖先维持生存和生活的基础物质，使人类得以创造出光辉灿烂的文化，盐的地位在远离海洋的内陆地区更是不言而喻。三峡地区得天独厚的宝源山盐泉，是中国早期发展盐业的代表区域，实乃中华盐业的示范区。宝源山盐泉所在的巫溪，是三峡地区上古盐文化与原始巫文化的发源地，有"上古盐都"之称。如前所述，《山海经》提到的巫咸国与巫溪有密切关系。据《巫溪县志》记载，"巫咸"之"咸"与盐密切相关。《说文》云：盐，咸也。这说明巫与三峡之盐也有着密不可分的关系。

作为中华卤盐业的示范区，三峡地区的历史独特性主要体现在两个层面。第一，三峡地区拥有独特的优质盐泉和盐矿资源，这在宝源山盐泉的丰富产量和三峡地区悠久的产盐历史中得到了体现；第二，三峡地区发展盐业的持续性和不可替代性是其他地区少见的，其借助长江水系和三峡古栈道等传播盐文化、发展工商业具有典型性。

根据地质学的研究，三峡地区盐泉的形成源于远古时期的造山运动，是海陆变迁和江河发育的结果。在2亿年前的三叠纪，现今的巴蜀地区是一片非常辽阔的大海。到三叠纪中期，由于地壳运动，该地形成一个大的内海，浓缩的盐卤结成岩盐在海内沉积。到三叠纪晚期，巴蜀地区形成一个庞大的内陆湖盆。白垩纪以后，四川盆地边缘发生褶皱，盆地接着上升，到中生代末期，经"燕山运动"后，今巫巴山地抬升为崇山峻岭，以至盐卤溢出地表，成为自然盐泉。三峡地区大规模的盐泉共有三处，分别是大宁河

流域的宝源山盐泉、乌江流域的郁山盐泉以及清江流域的
清江盐泉。此外，三峡地区产盐的地方还有很多："奉节县
长江南侧的白盐碛，云阳县的云安井，开县的汤温井，万
县的长滩井，忠县的甘井、涂井，长宁县的安宁井的盐泉，
都是从地面淡水河底涌出来的。"① 大宁河古名巫溪，又称
盐溪，发源于大巴山南麓。巫溪之名，载于西汉桑钦所著
《水经》："江水又东，巫溪水注之。"北朝郦道元注曰：
"盐水下通巫溪，溪水是兼盐水之称矣"。

三峡地区出土的大量的巴式尖底杯和釜，也是三峡早
期盐业的见证，从三峡遗存的分布可以看出，巴人曾开辟
一条贩盐道路，一直通向川西平原。尤其是釜这种器物，
其在三峡地区的多处考古遗址中均有发现，使用时间跨度
最长。在三峡地区和清江流域，"釜文化"具有悠久的历
史，最早可追溯到距今7000多年的新石器时代的城背溪文
化和大溪文化时期。釜是早期巴文化中最具特色和代表性
的器物，也是识别早期巴文化的重要参照。而"釜文化"
之所以在三峡地区长盛不衰，从某种程度上说，与三峡盐
业有着密不可分的关系。

注：重庆市文物考古研究院供图。

忠县将军村墓群·西汉九眼陶灶

---

① 白九江：《巴盐与盐巴》，重庆出版社2007年版。

盐是人们生存的必需品,食盐贸易带来的利润极大,因此在古代,产盐地自然会成为各方势力争夺的对象。春秋战国时期,巫溪地区因争夺盐业资源而引发的战争极为频繁。春秋初期,巫溪地区属于庸国,庸国统治者有组织地修建了通往四川、陕西、湖北等地的盐道,使得该地区的盐业贸易相当繁荣。春秋中后期,各诸侯国争利图强,当时距离庸国最近的巴国联合秦国、楚国灭了庸国,获得了巫溪的盐泉。战国中期,觊觎盐泉资源的楚国入侵巴国,占据巫溪地区,在此建立巫郡,这是三峡地区设立郡县的开端。其后,秦灭巴、蜀,又击败楚国,自此巫溪成为秦国黔中郡的巫县,秦统一六国后也没有改变这里的建制,只是增设盐官管理此地的盐业。从巴国的兴衰我们可以看出,盐业的生产和贩运是巴人重要的经济命脉,巴人得盐而兴,失盐而衰。

自秦统一天下后,巫溪的盐泉始终受到当权者的严密控制。西汉承秦制,在巫溪设置盐官,管理巴盐的生产、运输和销售;东汉时期,统治者进一步在当地开发盐业资源,沿巫溪西岸石壁凿建的输卤栈道据传达到 270 里。唐代以后,三峡盐业走向全国。唐代在此设立盐铁使,三峡地区一年的盐税比得上百余州的田赋,三峡盐业之盛可以想见。宋代以后,三峡地区的经济地位和政治地位不断提高。

千年盐业还催生了三峡古栈道,大宁河沿岸留存的古栈道遗迹记录了三峡盐业的繁荣。大宁河古栈道以大宁盐场为起点,栈道连接山路,纵横交错,形成了四通八达的山地交通格局。以大宁河古栈道为代表的三峡古栈道不仅连通了各条山路,扩大了三峡盐业运销范围,同时也加强了三峡地区与周边地区的文化交流与互动。三峡盐业的发

展与繁荣，不仅使三峡古栈道成为中国交通史上的一大奇
观，还使其本身在中华盐业史上占据了不可忽视的地位。
三峡古栈道连同川盐古道共同塑造了以盐文化为核心的
"文化线路"。从现存盐业遗迹及文化习俗来看，依托三峡
古栈道形成的"文化线路"具有独特的文化内涵，具体表
现为以大宁盐场的猎神会、绞篊节为代表的会节文化，以
腊肉、卤水豆腐为代表的饮食文化等。

注：重庆市文物考古研究院供图。

云阳县云安盐厂遗址

现今的地质勘探证明，三峡地区盐矿总储量近 3000 亿
吨。[①] 三峡地区丰富的盐资源，不仅为早期人类在该地区的
生存提供了至关重要的物质条件，同时也对人类在该地区
的进一步繁衍和社会文明的持续发展起到了重要的推动作
用。可以说，正是因为有三峡地区这些丰富的盐矿资源，
有勇敢、勤劳与智慧的三峡先民通过崎岖的古盐道输送生

① 白九江：《巴盐与盐巴》，重庆出版社 2007 年版。

命物质——盐，巴文化、蜀文化、楚文化与秦文化这些中华文化的重要组成部分才能如此绚丽多彩，中华文明才能如此持久闪耀。三峡地区的盐泉对于中华文明的发展具有至关重要的作用。这一地区独特的盐资源以及三峡先民不辞辛劳的勤奋努力，在古代为远离海洋的中国中西部地区提供了必需的食盐供应。在此过程中，三峡同时作为古代中国连接西南地区与西北地区的交通要道，为中华文明的整合作出了巨大贡献。

二、中华建筑史的夜明珠

三峡建筑具有悠久绵长的历史。史前时期，三峡地区的建筑文明已经开始萌发。三峡地区人类文明的建筑遗迹，从目前的考古发掘成果来看，最早可追溯到旧石器时代，这一时期人类主要聚居在天然洞穴。到了新石器时代，早期人类逐渐走出洞穴，开始进行有意识的建筑活动。如在巫山县锁龙遗址新石器时代堆积层发现的房址，据推测为地面式木骨泥墙建筑的遗存。而在重庆市万州区苏和坪遗址发掘出的距今4500年的房屋遗址中，保存比较完好的一座有柱洞、竹骨泥墙等，地面有红烧土居住面，房前有灶。考古工作者还从房屋中发掘出陶缸、网坠、纺轮等小陶器及大量的石器，说明当时已有较发达的农业，而建筑的功能也更加完善。

约4000年前，巴人在三峡地区兴起，逐渐形成了建立在部族文化基础上的巴文化建筑群落。秦灭巴、蜀后，在巴蜀故地推行郡县制，公元前314年，秦国正式在巴地设立巴郡，并筑城于江州县（即巴郡治所，在今重庆市），标志着三峡地区从此进入与中原地区同步的发展轨道。秦、汉、唐、宋代是三峡文化全面受中原文化影响和同化的时期。

这一段时期的三峡建筑遗迹以城址、聚落址、窑址和墓葬的形式表现出来，其中墓葬最多。蜀汉时期，李严在今重庆朝天门地区筑城，此为重庆城市发展史上的第二处重要城址。而已确认为汉代朐忍县治所在地的云阳旧县坪遗址中的衙署、大型排水沟等公共设施遗存和冶铸遗存保存得相当完好，在遗址东南部的方井中出土的秦汉篆书木牍，则弥补了重庆地区简牍发现的空白。在云阳明月坝遗址中，存在较大规模的唐代建筑遗存，出土了卜甲等遗物和大量的建筑构件，以及生产、生活用品，此处遗存也因此被推测是一座带有大型园林的官衙，在整个重庆地区十分罕见。至明清时期，三峡建筑体现出多元文化交融的典型特征，达到了建筑艺术巅峰。

建筑与文化的关系从来都是紧密相连的。建筑是文化的载体，文化指导了建筑的建造。人类一切的建造设计活动，都是以某种文化观念为基础的，这种文化观念影响了人们的建筑观。此外，建筑也影响着文化。建筑原本是为满足人们的物质、精神活动需求而建的，但其在建好后对文化的影响很大。总之，文化影响建筑，建筑影响文化，二者具有内在的联系性和互动性。考察一个地区的建筑发展历史，也是对其文化侧面的重要勾勒。

三峡地区得以充分发展建筑艺术，推进建筑文明，与其地理条件与历史条件息息相关。

首先，三峡地区与周边地区保持着频繁的互动与交流，形成了独具特色的巴渝风格建筑区。在三峡地区内，多种文化因素得以充分融合，由此塑造出该地区独特的审美倾向和建筑风格。这种独特性是其他地区无法比拟的，是由三峡地区在沟通巴蜀、巴楚、巴秦文化中所起到的作用决定的。

其次，战乱等原因引起大规模外来人口的迁入，使得巴渝地区的建筑发展受到了不同地域文化的深远影响。这种影响使得三峡地区的建筑风格既具有独立性，又与各种地域文化相互融合，形成了一种独特的文化现象。例如，丰都汇南墓群的平脊陶楼、忠县涂井崖墓群的庑殿顶就明显地体现出中原文化的特征。明清时期，三峡建筑的突出特征就是多元文化融合。三峡地区明清两代的建筑保存最多、最完整，在此时期，三峡建筑取得了瞩目的成就。

再次，自明以后，三峡地区的经济逐渐依赖于水路运输和贸易，长江作为连接包括四川盆地在内的内陆地区与沿海地区的重要水道，其地位日趋重要，并且对沿线地区的商业发展起到了促进作用。商贸的繁荣以及外来人口的涌入，为新型的商贸建筑即地域性会馆的产生提供了基础。

最后，因为三峡地区的大多数城市都是因贸易而非作为行政中心而发展形成的，所以民间建筑在数量和规模上远超官式建筑。特别是那些与自然山水融为一体的园林式寺庙建筑，是中国传统园林艺术中一个独特且重要的分支，具有较鲜明的地域特性。如云阳的张飞庙修建在紧靠长江的陡峭山崖上，建筑依据地势形成水平延展的"品"字形布局，层层后退的院落和飞檐素墙与山石、古木融为一体，形成了一组山水园林胜景；忠县的石宝寨倚靠玉印山的陡崖而建，在长江北岸拔地而起，重叠九层的寨楼气势恢宏，是我国南方地区高层穿斗结构的代表作。

张飞庙

石宝寨

　　此外，明清时期也是三峡地区中小型城镇的快速发展时期，目前许多保存较好、格局完整的传统城镇都是在明清时期形成的。城镇的发展必然促进传统民居的发展，三峡地区中小型城镇的繁荣催生了大量富有当地文化精髓的民居建筑，如巫山大昌古镇的温家大院、丰都的小官山古建筑群等。

丰都小官山古建筑群

　　三峡地区独特的建筑风格的形成，还与其传统的聚居环境密切相关。在三峡地区，与宗法礼仪、祭祀活动相关的寺庙建筑是最具影响力的建筑类型，代表着地方建筑技艺的最高水平，这是三峡地区社会政治经济等不断发展的结果，体现了独特的历史区域文化烙印。三峡地区的建筑文化还深受当地民俗文化的影响，其在形成瑰奇的建筑风格后，又继续融合当地民俗文化而不断创新，从而形成了以大众日常生活习俗与劳动人民的精神价值观为基底的独特建筑文化。而不同的自然环境和民族文化传统是促成三峡地区民居建筑形态各异的主要因素。在广阔的三峡地区内，从重庆江津的塘河镇到湖北秭归的新滩社区，我们可以尽情地欣赏到不同地区和不同民族的民居建筑所展现出的独特魅力。

总的来说，三峡地区因独特的地理位置和资源而成为文化交汇之地，并发展出别具一格的工商业文明，形成了形态各异、风格多样、功能丰富的各种建筑群。在自然环境并不优越的条件下，三峡人民在营造建筑之时，优先考虑的并非建筑造型等形式因素，而是如何充分地利用当地的山形水势，使之尽可能地适应自身的生存与发展。实际上，这些建筑正是因其所依的山形水势的衬托及匠人的精心设计与施工，而体现出堪与平原建筑的宏大庄重媲美的险奇和壮丽。三峡人民创造的一份又一份的绮丽精巧、匠心独运、巧夺天工的建筑作品，令人惊叹，具有独特而鲜明的历史文化特色，堪称中华建筑史上的夜明珠。

三、交通运输业的引路人

三峡地区地形复杂，水系繁多，因此三峡先民因地制宜，努力提高交通运输技术，积极发展水运，逐渐形成具有三峡特色的交通文明。在这个过程中，他们克服了诸多困难和挫折，充分展现出勤劳、进取和坚韧的精神，为我国其他地区交通运输业的发展提供了有益的借鉴。三峡地区的交通文明，不仅体现了古人的智慧和勇气，更为我国的交通运输业树立了典范。

三峡地区享有盛誉的交通文明模式是长江航运。由于拥有地理上的独特优势，三峡地区的先民们依靠长江进行生活、劳作，水运工具从小舟发展到大型货轮，充分展示了三峡地区在航运领域的卓越贡献。三峡人民在航运发展模式方面的探索，对于推动中华交通文明进程起到了不可忽视的作用。

三峡地区不论是干流还是支流，大都下切较深，水量大，水流急，滩湾多，峡谷连绵，并不适合发展大规模航运，尽管如此，三峡人民还是积极利用水道进行运输。三峡地区的长江水道上接巴蜀，下连荆楚，是古人出川入川的交通要道。三峡航运的历史非常悠久。《后汉书·南蛮西南夷列传》就记载有廪君率巴人乘船西迁的传说，这是有关巴人在三峡地区活动的最早记录。据记载，巴人参加武王伐纣时，也是通过水道北上的。秦灭巴、蜀后，峡江水道成为秦军入楚的重要通道，此时，三峡航运的军事意义远大于经济意义。秦汉时期，峡江水道是运输食盐、粮食的主干线。唐宋时期，峡江水道成为经济文化交流的重要干道。元明之际，峡江水道又成为移民的主要通道。至清代，三峡航运得到进一步的开发、利用。

三峡地区最早的水运工具是独木舟。远古时期，三峡地区林木繁茂，三峡先民以独木制舟，并将其当作主要的捕鱼工具与交通工具。商末周初，巴人参加武王伐纣时，已掌握通过拼合木板来造船的技术，并发明了类似"舵"的定向工具。春秋战国时期，巴、蜀、楚、秦均开发利用过三峡航运。而此时，长江下游的造船技术迅速发展，出现了专门的军用船舶，如"大翼""小翼""突冒""桥舡"等。秦汉时期，造船业有了长足的发展，长江沿岸出现了许多造船工场，江陵成为长江流域的造船中心。这一时期三峡地区的造船技术有了明显进步，船体结构设计越发合理，橹和帆相继被发明。三国时期，长江流域的造船业空前发达，三峡地区也如此。南朝科学家祖冲之发明了"日行千余里"的"千里船"，并以轮浆驱动。西晋，王濬曾在三峡地区主持造船。《晋书》载："舟楫之盛，自古未有。"到了隋代，随着京杭大运河的开通，长江流域的造船中心东移至扬州，主要负责制造水运船舶与皇家船舶。这一时期，三峡造船业平稳发展。唐宋时期，三峡航运越发发达，船舶载重量不断增加。元明清时期，大量北方人民通过三峡航运进入巴蜀地区。

交通文明离不开缔造者，航运的发展与三峡船工的勤劳与智慧密切相关。峡江地区水急滩险，船只过峡常需纤夫拉纤，"川江号子"也就应运而生。同时，由于水运发达，三峡地区的码头文化也非常繁荣。三峡码头文化又进一步催生出许多特有的行文习惯和饮食风尚，这些都是构成三峡地区特殊民风民俗的重要因素。

除了对长江航运的探索，对陆路交通的推进和探索在三峡地区更像是一种极限突破和挑战。在三峡大坝蓄水之前，峡江沿线的绝壁上的栈道孔到处可见。在风箱峡一侧的绝壁上，镌刻着八个苍劲有力的大字："天梯津隶""开辟奇功"。这八个大字所描述、赞美的就是三峡古栈道。

栈道这种常见于险峻山区的道路形式，中国古已有之，据《战国策·秦策》记载，秦昭王的丞相范雎曾称秦蜀之间"栈道千里"，可知栈道在当时已经十分常见了。三峡一带，山高岭深，水急滩险，交通历来都极为艰难。自战国以来，直至晚清，巴蜀先民为解决交通问题，在极其艰苦的物质条件下，在绝壁之上凿孔架木、设栏盖棚，凿出一条条令人惊叹的栈道。

三峡地区曾有多条栈道，如瞿塘峡栈道、大宁河栈道、孟良梯栈道、瞿塘峡栈道、大溪古道等，像现在四通八达的公路一样，已经形成一个栈道网络。这些栈道大部分只有一米来宽，最宽处也不过两米，远远望去像是一根细细的腰带高悬在离江面数十米的悬崖峭壁上。这些表面简陋的栈道就此将几乎不可逾越的天堑变成了通途。其中大宁河栈道堪称一绝。三峡大坝蓄水之前，从巫山逆大宁河而上，在有着"小三峡"美誉的峡谷西岸的绝壁上，便可看见大宁河古栈道的遗迹。说是遗迹，实际上仅存支撑栈道横木梁的栈道孔。这些栈道孔数量众多，排列整齐，孔距5尺、6寸见方、深2尺多，可以想象当初栈道完好的时候，栈板高悬波涛之上，峡谷间雾气丛生，行人走在上面会是何等惊险。

那么大宁河古栈道的用途是什么呢？这个问题是专家们争论已久的一个话题。关于古栈道的来历，《巫山县志》记载：公元64年，"尝引此泉于巫山，以铁牢盆盛之"。《大宁县志》称"石孔乃秦汉新凿，以用竹笕引盐泉到大昌熬制"。民间还传说这是诸葛亮伐魏时所修的通道。当时，诸葛亮屯兵城口，伐魏时，大军便沿栈道出入巫峡：出发时利用石孔铺设木桩和木板，便于通行；撤退时，一边走一边撤除木桩和木板，使敌人无法追击。凡此种种，众说纷纭，莫衷一是。但在种种争论里面，"盐运"之说始终占据上风。大宁河古栈道的起点就在千年盐业古镇——宁厂古镇（即旧时大宁盐场所在地），而古栈道起点第一孔就在大宁盐场中的白鹿盐井附近。

纵观栈道全程，它以大宁盐场为源头，沿后溪河延伸至大宁河后分成南北两段，分别沿大宁河南下、北上。南下段由宁厂古镇至巫山县的龙门峡口，栈道石孔排列得十分整齐，石孔的形状和大小也非常统一。北上段从宁厂古镇沿大宁河北上，至陕西镇坪、湖北竹溪一带，栈道连接山路，纵横交错，不下千里，形成了一个庞大的交通网络。北上段栈道石孔的排列高低、孔距远近、孔径大小、孔眼深浅都各不相同，与南下段栈道石孔的整齐划一形成了鲜明的对照。

大宁河古栈道与各条山路汇成的交通网络，使得当地形成了四通八达的山地交通格局，这既可将大宁盐场所产食盐及其他生活物资运到后溪河以北、大宁河上游各地及周边地区，又可从这些地区运回当地所产物资。正如清严如煜在《三省边防备览》所云："山民馕粥之外，盐、布、零星杂用，不能不借资商贾。"由此，北上段古栈道在扩大三峡盐业贸易，加强三峡地区与周边地区的物资交流和经济交往，推动地区经济发展等方面，均起着不可取代的重要作用。

当然，栈道既能运盐，同样也能够用于运输军事人员和物资。然而，军事行动往往具有突发性和临时性，与普通的物流活动存在明显的区别。军队在行动时，对于行进路线的选择具有很大的灵活性和不确定性。在多数情况下，军队可以选择多种行进路线，只有在特定情况下，例如被敌方逼至绝境，或是为了隐蔽接敌、出奇制胜时，才需要在悬崖绝壁上抢修临时通道。然而，考虑到军事行动的特点，其不可能长期修建这种长距离的栈道。所以，从整体上看，大宁河古栈道等三峡古栈道的主要功能是运盐，其他功能皆为附属功能。三峡古栈道建设之奇、施工之险、工程之巨，冠绝天下，这是中国交通史上的奇观，也是中国古代劳动人民非凡的智慧、勇气和毅力的集中体现。三峡人民实乃中华运输业的引路人。

四、多民族融合的示范区

三峡地区地缘优势突出，西接川蜀，东邻荆楚，北连三秦，南边还存在天然的道路通向云贵高原，将三峡文明的发展与演进置于中华文明发展进程之中可以看到，三峡地区的民族融合具有历史性和必然性。其中，三峡地区的移民历史与军事历史为三峡地区大规模的民族融合提供了机遇，并推动三峡文明成为多元一体的中华文明的重要组成部分。

三峡地区的移民历史悠久，不同时期的多次移民运动使其形成了鲜明的包容性、开放性和创新性精神。其中，先秦时期、明清时期、全面抗战时期，是三峡地区历史上三个重要的移民时期。

先秦时期，楚国攻占巴国，大批楚人移居三峡，形成了一次规模较大的移民潮。巴人、楚人的相互交流与融合催生了巴楚文化；秦灭巴、蜀后，在此驻扎了大量军队，并在巴国故地设立巴郡；两汉时期，在承平时节，统治者大力开发巴蜀地区，在此设立的郡县不断增多，随之形成了移民巴蜀的高潮，及至东汉末年，天下大乱，中原地区有大量百姓为避乱迁入巴蜀地区。大量移民不仅改变了三峡地区的人口构成，还将富有地方特色的巴蜀文化转换成中原文化的一个亚种。秦汉时期巴蜀地区不再被视为夷地，其文化面貌、价值取向渐渐向中原地区靠拢。南北朝时期，蜀地百姓的迁出与北方流民迁入蜀地都要经过三峡，其中有不少人因故就留在了三峡地区，也为三峡地区带来了新移民。秦汉至两宋，迁入巴蜀的人民多为北方人士，使得巴蜀文化带上了鲜明的关中、河洛地区的文化色彩。宋元以后，移民形势发生了变化，从东南地区迁入巴蜀地区的移民渐渐增多。元明清时期的"湖广填四川"运动使得四川居民主体发生了改变，进而使其文化风貌为之一新。元末天下大乱，湖湘之人往往相携入蜀。朱元璋统一天下后，又在湖广地区组织大量百姓迁入四川。经过明末清初的战乱，四川地区残破不堪，清朝在统一天下后施行了一系列的"填四川"政策，鼓励外省移民入川垦荒，湖北、湖南、广东等地大量居民迁入四川，其间，与蜀地相邻的三峡地区也成为各地移民主要的迁入地。这些移民运动，更多地带来了荆楚文化与客家文化，使荆楚文化与客家文化在三峡地区生根、发展、壮大，同时这些外来文化又进一步与本土文化相互影响、融合。全面抗战时期，大批川外难民涌入作为抗战大后方的四川，把华北、华中及沿海地区等地流行的新文化带入四川，使三峡地区的本土文化进一步形成内涵广泛、形式多样的特点。

千百年的移民运动塑造了三峡地区独特的移民文化和移民精神，这种移民文化与移民精神极大促进了中华文明多元一体格局的形成与发展，推动了三峡地区的物质文明建设和精神文明建设，它给三峡人民带来了先进的意识和理念，成为推动各民族团结统一、同行并进的重要基石。

第十一章　人类文明视域中三峡文明的
　　　　　　时代价值

对待不同文明，不能只满足于欣赏它们产生的精美物件，更应该去领略其中包含的人文精神；不能只满足于领略它们对以往人们生活的艺术表现，更应该让其中蕴藏的精神"活起来"。每一种文明都延续着一个国家和民族的精神血脉，既需要薪火相传、代代守护，更需要与时俱进、勇于创新。中华民族在实现中国梦的进程中，将推动中华文明创造性转化和创新性发展，不断激活其生命力，把跨越时空、超越国度、富有永恒魅力、具有当代价值的文化精神弘扬起来，让收藏在博物馆里的文物、陈列在广阔大地上的遗产、书写在古籍里的文字都活起来，让中华文明同世界各国人民创造的丰富多彩的文明一起成为全人类正确的精神指引和强大的精神动力。

第一节　三峡文明与世界远古文明对观

通过梳理三峡地区的各种史前人类遗址，可大致推断远古时期三峡地区已有人类活动。结合当地出土的大量石器与史前哺乳动物群落遗址，可以大体窥测三峡地区史前人类生活的原始面貌，探讨其在世界远古文明中的特别之处。

一、巫山人的发现是中国考古界的里程碑事件

首先，巫山龙骨坡遗址的发现证明了"中国古人类连续进化"的观点，这在世界文明历史上具有重要意义，因为该遗址中存在一定种类和一定数量的具有人为痕迹的石器，这就说明了它的出现并非偶然，而是长期实践的结果。[①]

其次，巫山龙骨坡遗址出土的石锤等与周口店北京人遗址出土的石器具有相近的特征，这说明中国西南地区与北方地区早在旧石器时代初期就发生了文化联系，其与华北的旧石器时代文化共同构成了中华文化多元一体格局中最早的单元。[②] 从目前已出土的巫山人颌骨来看，至少在人类的进化层面，中国南北方已经被统一了起来。虽然三峡地区仅是长江流域的一部分，但它独特的文化符号内涵已经深深渗透到整个长江文化之中，融入博大精深的中华文化。

最后，出土了巫山人化石的三峡地区与周边地区形成了"远古人类化石"考古圈。环三峡地区出土了许多古人类化石，比如云南的"元谋人"、湖北的"郧阳人"、贵州的"桐梓人"、四川的"资阳人"、湖南的"石门人"等，这些早期人类与欧洲地区的早期人类及其他古人类差异较大。这一发现揭示了中国西南地区早期人类所体现出的鲜明特征，证明了在史前中华大地上，我们的祖先已经展开了密切的交流并共同繁衍生息。这一重要发现无疑增强了我们对地区血缘关系的认同感，并为我们认识史前人类和

[①] 武仙竹：《论龙骨坡遗址》，《华夏考古》2018 年第 3 期。

[②] 王文光，翟国强：《中国西南旧石器文化在中华文化形成中的地位》，《云南民族大学学报（哲学社会科学版）》2004 年第 6 期。

自然环境演化的内在联系提供了重要的参考依据。

二、三峡古人类化石在世界远古文明中的位置

世界各地均有古人类化石出土，其中尤以非洲最多，主要分布在南非与东非大裂谷地带，如肯尼亚塔纳堡的西瓦古猿、埃塞俄比亚等地的南方古猿、坦桑尼亚等地的直立人、赞比亚等地的早期智人，以及尼日尔河上游等地的晚期智人等。

同时从基因学的角度而言，加利福尼亚大学的阿兰·威尔森等人在全球采集并分析了 147 个样本，从而绘制出智人进化图谱，结果表明世界各个种族的人群都是从非洲人种分支演化而来的。因此，国际上大都将东非认作"人类的摇篮"。

通过对比三峡古人类化石与非洲古人类化石，可以一览前者在人类发展和世界远古文明中的位置。从时间而言，目前世界上发现的最古老的人属化石出土于埃塞俄比亚，可追溯至 275 万年至 280 万年前[①]；而我国最早的人属化石巫山人化石距今 200 万年左右。从出土的种类看，"在东非与南非诸多考古遗址中，有 1000 多枚古人类化石碎片，距今 400 万—100 万年前，仅南方古猿就有 4 种（阿法种、非洲种、粗壮种和鲍氏种）"[②]；而我国三峡地区只出土了步氏巨猿化石等少量类型。就古化石的完整度而言，东非"汤恩幼儿"化石在基本的面部轮廓、牙齿数量、眼睛、头盖骨、上下颌骨等方面都表现出较高的完整性；而三峡古人

---

① 关毅：《东非发现最古人属化石或改写人类进化史》，《自然杂志》2015 年第 2 期。

② 潘华琼：《非洲考古与人类的"摇篮"》，《中国投资（中英文）》2020 年第 C2 期。

类化石的出土情况则并不理想，尚未见到完整的人类头骨。仅从上述古人类化石出土情况的对比就可以看出，三峡古人类化石在古老性、多样性和完整性上不如目前世界上发现的最早的古人类化石，这也许说明三峡地区生活的古人类相对而言是更"新"的一种人类。进而，这些差异也引发了许多疑问与思考：三峡古人类与非洲古人类的出现时间相差大约 80 万年，其中的差异是否证明人种出现了变化？更少的人种是否表明三峡地区的远古生态与非洲地区有根本性的差异，仅适合单一人种的生存？

从出土的古人类墓葬遗址整体来看，三峡地区和非洲地区都存在很早的墓葬文化。其中，三峡地区新石器时代中晚期的巫山大溪文化以多元化的墓葬形式和当地特有的巫文化而闻名；而非洲墓葬文化更为突出的特色是哀悼仪式①。二者的墓葬文化有极大的不同，前者关注死者的往生，后者关注死者现世亲人的悼念。而欧洲、美洲等地区出现正式的墓葬文化都比较晚，早期墓葬形式也更为单一，这表明三峡地区在史前墓葬文化上极具地域特色。

通过对比三峡地区与非洲地区的古人类化石和墓葬文化，可以知道我国三峡地区的史前文明十分灿烂，其表现出的地域性特征有助于考察中国古人类的生活面貌，值得我们更加深入地探索。

第二节　三峡文明的时代性与独特性

如今的世界，文明之间的碰撞与交流已经成为常态。面对世界"百年未有之大变局"，只有深入到文明本体论的

---

① 《非洲发现 78000 年前孩童墓葬》，《文明》2021 年第 6 期。

层面，才能真正坚定文化自信，更好地使中华文明耸立于世界文明之林。因此，不断挖掘、补充与完善中华文明的本体论与价值论尤其关键。相较于学界已经较为熟悉的黄河文明和长江中下游的荆楚文明与吴越文明，还未被充分认识的三峡文明显然成为补充中华文明源流的重要宝库。

一、信仰文化的发展与补充

三峡地区在历史早期就是多民族的混居地，在信仰方面具有极强的包容性，这对于发展中华宗教文明的本体论具有重要意义。自古以来，三峡人就在不断吸收各地的生产、生活方式，并且在各种文化的交融中表现出极强的包容精神，三峡地区的信仰文化正是在这种融合与包容中不断发展的。

秦汉以来，三峡地区多元的宗教观念开始兴起。在三峡文化中，儒、道、佛三教的融合现象十分明显，这在东汉末期的画像砖中即有所体现，突出表现于后世的各种石刻上。这些石刻多以佛教、道教形象为表现形式，其内容却渗透着儒家精神，表现出以儒家伦理来统合佛教、道教的特征。在大足石刻造像中，佛教造像宣传的是儒家推崇的"忠""孝""贞""节""顺"等内容，诱之以福乐，威之以祸苦，以佛教教义启发人遵守世俗的社会纲常伦理。这种杂糅的宗教观念在三峡文化中俯拾皆是。

此外，从三峡丰都特有的鬼文化出发，可以认识到三峡地区的宗教文化是一个复杂的结合体，其既包含民间的传统美德及普罗大众的复杂情感寄托，也存在因果报应、生死轮回、三纲五常等陈旧落后的观念。"宗教活动应当在法律法规规定范围内开展，不得损害公民身体健康，不得违背公序良俗，不得干涉教育、司法、行政职能和社会生活。"毋庸置疑，儒、释、道三家既有积极、正面的内容，也存在落后的观念，而后者与当今的社会主义核心价值观相抵触。所以面对这些传统文化时，应去其糟粕，而将那些文化精华发扬光大。只有这样，才有利于更好地推动三峡地区文化与经济社会的发展。

二、民族精神的彰显与发展

三峡地区的文化基因中流淌着劲勇开拓、世俗包容、朴实协作的精神因子，这对于彰显与发展中华民族精神具有实际意义。

首先，三峡地区的移民具有勇于开拓、艰苦创业的精神。三峡地区吊脚楼的建造集中反映了三峡人民这种开拓创业的精神。三峡地区的吊脚楼没有祭祀空间，且平面布置相当自由多变，表现出极大的灵活性。并且三峡地区吊脚楼的建造不受礼仪等级等封建思想的影响，并不十分强调尊卑有序，而是十分尊重环境，尊重个性差异，关心丰富多样的个体需求。

其次，三峡地区因其独特的地理区位及历史发展而形成一种开放包容、世俗自在的文化特点。三峡人民重质不重形，处世随意，因此严谨讲求规则的形式主义在此不受推崇。第一，三峡地区处于几大文化（农耕文化、游牧文化、商业文化）板块相互渗透融合的中心，且较早就与外来文化存在交流，其社会文化一直是在多元文化的相互碰撞中不断发展的。第二，近代三峡地区商业经济的大发展对于当地开放包容、世俗自在的文化特质的形成产生了重要影响。以商业模式为核心的生产方式，注重频繁的商业交往，具有开放性特点，当三峡地区经过这种商业文化的熏陶之后，平等和自由的观念随之形成。第三，自秦以来，三峡地区基本上是一个移民社会,这种状况一直延续至 20 世纪中叶的三线建设,移民运动不断。移民文化所特有的兼容并蓄的特质使三峡人民没有形成狭隘的地方主义及由此滋生的排外传统。当面对外来文化时,他们并不采取抵制的态度,而是习惯于扬弃和融合各种文化。

最后,三峡文化具有朴实协作的精神。秦并巴、蜀后,大量秦人进入巴蜀地区,带来较为先进的秦文化,秦文化具有强烈的功利性,极大地影响了三峡文化。其后,三峡地区接连经历了几次大移民,移民为了谋生、自卫和发展,也形成了高度的务实精神。因此,三峡人民很早就有注重实用性的特质,重视实际结果的得失。

在当代中国,"传承中华文化,绝不是简单复古,也不是盲目排外,而是古为今用、洋为中用"。从实践本体来说,要学会"择其善者而从之,其不善者而改之"。我们要批判性地进行文化传承,必须具有文化自信,倘若没有文化自信作为基底,很可能便会人云亦云,而陷入他者的话语体系与文化体系中。而要真正地实现文化自信,则需要首先对我们深厚的民族精神具有充分的理解与认同。

三、三峡文化的海外传播与国际拓展

从国际传播的角度来说,三峡文化的推广目前主要侧重于三峡水文化的对外推广。水是文化之源,长江是三峡水文化之源。三峡地区包含大山(大巴山、巫山、大娄山、武陵山)、大江(长江)、大平原(长江中下游平原),地理环境复杂。三峡地区文化特色与个性的生成依托于这种独特的地理环境和自然景观。三峡水文化蕴含了技术、科技、移民、生态等内容,是现代人治水用水意识的新体现。随着国际化进程的推进,通过有效的国际传播策略,传统的

三峡水文化逐渐得到延伸和拓展，并走出中国，走出亚洲，延伸到美洲、非洲、欧洲等地。此外，三峡工程不仅是一个雄伟壮丽的水电工程，也是一个生态、文化、艺术工程。目前，以三峡工程为代表的中国水电建设在设计、建设以及设备制造等方面已行至世界前沿。而敢于拼搏、勇于奉献的三峡精神依托于国际化工程的开展，得到进一步的强化与拓展，人文色彩浓厚的三峡水文化因此而被赋予了新的内涵。

在"一带一路"倡议的影响下，三峡水文化的国际社会价值将得到更大程度的彰显。世界水电看中国，中国水电看三峡。2015 年，三峡集团卡洛特项目被写入中国与巴基斯坦政府的联合声明，这不仅是三峡的第一次，也是中国水电行业的第一次。几内亚的国家货币上印着由三峡集团子公司承建的凯乐塔水利枢纽工程，该项目被誉为几内亚的"三峡工程"。三峡品牌，已然代表着国家声誉，成为国家名片。作为中国水电行业的领军企业，三峡集团紧紧围绕中央提出的"走出去"战略和"一带一路"倡议，加强国际业务的"顶层设计"，积极整合中国水电全产业链，致力于打造中国水电产业"走出去"升级版，已取得初步成效。与此同时，三峡的水文化也必将代表中国的水文化作出更大的贡献。

四、"多元一体"民族观的诠释

长江是中华文明的发祥地之一，是中国的文化象征，是中华民族形象的代言者，是一条具有重要符号意义的河流，是一条能够唤起世界注意、凝聚中华民族情感、增进文化认同的河流。三峡地区处于长江上游，具有得天独厚的地理条件，孕育了璀璨的文明，在中华文明乃至世界文明中都闪耀着不朽光芒。而这一文明的缔造者，是历代生活或漂泊于此的三峡人，进一步说则是生活在三峡地区的各民族。

中华民族的形成与发展历经几千年的"接触、混杂、联结、融合"过程，从而造就了"你中有我，我中有你"的多元一体格局。"多元一体"一直以来就是中华民族的显著特征。习近平总书记强调，我们伟大的祖国，幅员辽阔，文明悠久，中华民族多元一体是先人留给我们的丰厚遗产，也是我国发展的巨大优势。一部中国史，就是一部各民族交融汇聚成多元一体中华民族的历史，就是各民族共同缔造、发展、巩固统一的伟大祖国的历史。三峡地区作为重要的少数民族聚集地，具有丰富的民族文化资源，不仅如此，三峡地区的少数民族文化既保持着各自的鲜明特征，也相互融合发展，从而生动体现了"多元一体"的特征。"历经几次民族大融合，各民族你中有我、我中有你，共同开拓着脚下的土地"。巴族先民"其属有濮、賨、苴、共、奴、獽、夷之蛮"，众多族群在三峡地区生息繁衍，现今有汉、土家、回、侗、苗、畲、壮、蒙古、白等多个民族在这里生活，并形成了一定的民族聚居地。湖北的长阳、五峰和重庆的石柱、秀山、酉阳、黔江、彭水等区县是三峡地区主要的民族聚居区。此外，宜昌市有1个民族乡和1条回族街，市域内现居住着土家、回、满、苗等多个少数民族。在重庆境内的长江沿岸还分布有清水、磨子、文复、石桥、后坪、浩口、红椿、太和、长安、龙桥、云雾等十余个民族乡。三峡地区的各族人民在长期的历史发展进程中创造了丰富的民族文化，在市场经济高度发展的今天，这些具有明显区域特色和民族特点的文化成果将成为未来推动区域经济与文化发展的重要资源。

结　语

三峡文物是三峡地区不同时期物质文化、精神文化和行为制度文化的体现，拥有完整的考古学文化序列，具有极高的研究价值。建设长江国家文化公园，是以习近平同志为核心的党中央作出的重大决策部署，三峡地区重庆段的文物承载着巴渝文化和三峡文化的丰富内涵，三峡地区是长江国家文化公园建设中文物保护利用最系统、成效最大的区域。

三峡地区的文物资源丰富、涵盖面广、研究价值高，其演变的总体趋势为"从独立走向融合""从青涩走向成熟"和"从被动走向进取"，具有突出的独特性、唯一性和珍贵性。回溯与研究三峡文物在不同时代的演进和更迭，有助于再现中华文明多元一体格局的形成以及中国历史上不同地域之间的文化交流。

特殊的生境给予了三峡文化独一无二的成长空间，形成了以巴文化和三峡巫文化为主要代表的精神文化符号。其中，巴文化的物质文化遗存为我们了解三峡地区的历史进程、远古时代和中国古代的民族迁徙及民族融合具有不可或缺的作用，其精神文化符号对于了解巴渝地区人民的价值取向和精神追求、理解中华民族"多元一体"的格局有着至关重要的价值，其行为制度体系对今天我们充分认识和发展巴渝文化及经济有着重要的启发作用；而三峡巫文化对于今天先进的艺术创作、审美溯源有着积极的启发作用，它所表现出来的宇宙观、哲学观和自然观对于中华民族多元一体格局的形成具有重要贡献。三峡地区内部有着广泛的文化交流，回溯巴、蜀文化的交流与互动，对于建好成渝地区双城经济圈有着重要的推动作用；回顾巴、楚文化的碰撞与融合，对于区域文旅项目开发和非物质文化遗产保护工作有着启发意义；回望巴、秦文化的冲突与调和，有助于加深认识我国的民族融合和古代政治文化传统。此外，三峡文化在长江文化中有着举足轻重的地位，巫山人化石的发现证明了长江流域的人类史自三峡而始，三峡巫文化的源远流长证明了长江文化的璀璨以三峡文化为重要依托，三峡古栈道更是长江文化和黄河文化交流的见证。不同地区文化的交流与融合，其实就是中华文化多元一体格局形成的过程。三峡文化和其他区域文化的交流互鉴突出了三峡文化在中华文化中的地位与价值，无论是从地理区位来看，还是从文化整体性形成和传播的过程来看，三峡文化都是不可忽略的核心部分之一。

笔者团队通过系统性地梳理三峡文物的考古成果，结合历史文献和实地走访调研，创造性地提出三峡文物作为媒介与三峡文化、三峡文明相互映射的观点，并深入剖析三峡文化和三峡文明的具体呈现和源流演变，着力在学术影响和实践指导方面提供重要启示。

在学术影响方面，本书响应国家号召，着力为三峡文化与三峡文明的理论建设提供价值指引。习近平总书记在全面推动长江经济带发展座谈会上指出："要保护传承弘扬长江文化。长江造就了从巴山蜀水到江南水乡的千年文脉，是中华民族的代表性符号和中华文明的标志性象征，是涵养社会主义核心价值观的重要源泉。"三峡是长江的标志性河段，三峡文化是长江文化的重要组成，三峡文明是长江文明的重要体现，三峡文物承载着巴渝文化和三峡文化的丰富内涵。因此本研究从空间与发展的角度出发，梳理三峡文物、长江文明与黄河文明、中华文明之间的关系，系统发现和挖掘三峡文化的宝贵价值，这为未来进一步的研究与讨论奠定了基础。

在实践指导方面，本书为相关部门开展长江三峡文物保护和利用示范区建设提供建设性意见。研究成果有助于推动三峡重庆段进入长江国家文化公园重点建设区域，而建设长江国家文化公园，既是落实共抓大保护、不搞大开发的重要举措，也是延续历史文脉、坚定文化自信的有效途径，同时对进一步提升中华文化标识的传播度和影响力，向世界呈现绚烂多彩的中华文明具有重大而深远的意义。

在文献梳理和调研访谈中，笔者团队发现，在相关部门及各单位的努力下，三峡文物的保护和利用得到了充分的重视。三峡文化在一定程度上得到了合理的利用，其保护管理体系较为健全，保护成果较为丰硕、活化利用初见成效。其中，自三峡工程建设以来，实施考古发掘、不可移动文物保护修缮、保护性设施建设、环境整治和馆藏文物保护修复等各类文物保护项目1335项，投入专项资金22亿余元；"后三峡"文物保护工作启动以来（2011—2023年），实施各类文物保护项目207项，出土文物3.4万余件/套，已出版考古发掘报告和研究专著等成果91部，完成1128项建档非物质文化遗产名录保护项目；确立和设立了《重庆市实施〈中华人民共和国文物保护法〉办法》等多项地方性法规，从制度建设和人才引进等方面加强打造三峡文物保护的专业力量；在三峡文物的活化利用方面，相关部门构建三峡文化遗产科技保护体系，建成三峡文物科技保护基地，三峡数字博物馆等文物交流、展示基地，促进文物的公共传播与公共服务。在三峡文物保护中，不仅妥善保护了文物，还将保护的文物最大程度地向社会开放，以文化资源构建供百姓观赏休闲的文化平台，让文物保护与旅游融合发展，让文物保护的成果惠及民生。

但目前，在文物的活化与传播方面，还存在突出问题：一是文物保护还需要加强，仍有大量文物需要实施抢救性保护和修复，文物单位的保护设备亟待更新和扩建；二是文物展示创新度不够，各地分馆均存在不同程度的文物展出问题；三是文物价值挖掘不够，在现有的20.7万余件/套文物的基础上，文物价值挖掘、专题研究工作还没有全面铺开，对文物的研究不够透彻、系统性不强，文化差异性还不够凸显，在同类文物的系统性梳理与对比、不同时代文物的阶段性特征、三峡地区特有文物的标志性意义等方面的研究不够深入；四是文物活化的思路还需要调整；五是专业人才队伍的引进、培养不够，人员编制不足现象较为普遍，专业人员严重缺乏，高级职称比例较低；六是资金规划合理性不够，资金的投入存在较大缺口，投入不够均衡，同时各地文物部门对专项拨款存在一定心理依赖；七是文物保护与利用的规划工作存在不足，未能得到当地政府部门足够的重视。

对于目前存在的问题，在未来可继续从以下几方面进行探索解决：一是在文物保护工作方面，加强三峡文物整体性和系统性保护，完善三峡文物保护管理体系，推动和深化三峡文物的研究；二是创新文物价值研究的路线，对文物的价值研究应该以反映当时当地的价值取向或社会生态为目标，对文物的价值评析要有更宏大的视角，对文化的价值研究要从物质符号体系深入到精神文化体系和行为制度体系，同时对文物的价值研究要进行更广泛的传播；三是转换人才引进的思路，树立新时代的人才观念，将社会上优秀的人才视为共同财富，推进校地合作，加强区县基层文物保护力量；四是要将打造5A级景区的目标逐步过渡为打造国家级休闲旅游度假区；五是文化旅游的主题要有独特性，发掘本地文物、文化、文明的独特性和唯一性，以此为基础拓展其他的文化资源；六是重视文物活化利用的公共服务性；七是加强对三峡地区传统文化新传播的探索，讲好传统文化的新故事，对三峡文化的分众传播进行探索；八是规划顶层站位要高、视野要宽、目标要远，从规划角度合理启用项目资金，各文物单位要提高自主性和积极性。

三峡文物保护利用示范区是长江国家文化公园建设的先行区，各文物单位应在文物保护、利用等方面提高认识，积极发现优秀的活化案例，力求紧跟三峡文物保护利用示范区建设、长江国家文化公园建设等国家战略，努力与高校等科研机构合作，积极发掘阐释具有地域性特色的文物、文化。各文物单位要从国家建设长江国家文化公园的视域考虑，积极思考本地文物在长江国家文化公园中的定位及角色；在充分挖掘重点文物的同时，深入解读其所代表的文化体系，在其中找准差异点，找到文物或文物群最独特的、唯一的、不可替代的价值点；要以此为中心轴，发展出解读该文化价值的体系，以此不断增加当地民众的文化自知、文化自信，达到文化自强。

参考文献

一、图书

［1］韦伯. 中国的宗教 宗教与世界［M］. 康乐，简惠美，译. 桂林：广西师范大学出版社. 2004.

［2］傅罗文，陈伯桢. 古代中国内陆：景观考古视角下的古代四川盆地、三峡和长江中游地区［M］. 戚轩铭，译. 北京：北京联合出版公司. 2021.

［3］爱德华·泰勒. 原始文化［M］. 上海：上海文艺出版社，1992.

［4］重庆市文化遗产研究院，重庆文化遗产保护中心. 重庆三峡后续工作考古出土文物图集［M］. 北京：科学出版社，2020.

［5］白九江. 巴人寻根：巴人·巴国·巴文化［M］. 重庆：重庆出版社. 2007.

［6］白九江. 巴盐与盐巴：三峡古代盐业［M］. 重庆：重庆出版社. 2007.

［7］陈国强. 文化人类学词典［M］. 杭州：浙江人民出版社，1990.

［8］陈来. 古代宗教与伦理［M］. 北京：北京大学出版社，2017.

［9］董琦. 虞夏时期的中原［M］. 北京：科学出版社，2000.

［10］段渝. 四川通史［M］. 成都：四川大学出版社，1993.

［11］段渝. 政治结构与文化模式：巴蜀古代文明研究［M］. 上海：学林出版社，1999.

［12］高国藩. 中国巫术通史［M］. 南京：凤凰出版社，2015.

［13］高明强. 中华巫文化［M］. 北京：国际文化出版公

司，2000.

［14］国家文物局三峡工程文物保护领导小组湖北工作站．三峡考古之发现［M］．武汉：湖北科技出版社，1998.

［15］郝国胜．二十年：三峡工程重庆库区文物保护总结性研究（1992—2011年）［M］．北京：科学出版社，2014.

［16］胡新生．中国古代巫术［M］．济南：山东人民出版社，2005.

［17］胡玉康．战国秦汉漆器艺术［M］．西安：陕西人民美术出版社，2003.

［18］黄柏权．土家族白虎文化［M］．北京：中国文联出版社．2001.

［19］黄中模，管维良．中国三峡文化史［M］．重庆：西南师范大学出版社．2003.

［20］蓝勇．西南历史文化地理［M］．重庆：西南师范大学出版社，1997.

［21］李津，世界文化知识精华［M］．北京：中国戏剧出版社，2008.

［22］李学勤．文物中的古文明［M］．北京：商务印书馆，2008.

［23］马福贞．文化的信仰：中华传统文化讲座［M］．北京：中国社会科学出版社，2014.

［24］邵培仁．华夏传播理论［M］．杭州：浙江大学出版社，2020.

［25］孙皓晖．国家时代：人类国家文明的历史发展逻辑与中国文明解析［M］．上海：上海人民出版社，2020.

［26］汤惠生．考古三峡［M］．桂林：广西师范大学出版社，2005.

［27］王隆毅．巴文化史话［M］．成都：四川人民出版社，2016.

［28］王伟光．中国社会形态史纲［M］．北京：中国社会科学出版社，2020.

［29］王振复．中国巫文化人类学［M］．太原：山西教育出版社．2020.

［30］熊澄宇．熊澄宇集［M］．昆明：云南大学出版社，2016.

［31］许倬云．说中国：一个不断变化的复杂共同体［M］．桂林：广西师范大学出版社，2015.

［32］叶舒宪. 重述神话中国：文学人类学的文化文本论与证据间性视角［M］. 上海：上海交通大学出版社，2018.

［33］赵万民. 三峡工程与人居环境建设［M］. 北京：建筑工业出版社，1999.

［34］朱世学. 三峡考古与巴文化研究［M］. 北京：科学出版社，2009.

［35］诸葛楷. 墨朱流韵：中国古代漆器艺术［M］. 北京：生活·读书·新知三联书店. 2000.

［36］Childe V G. The danube in prehistory［M］. Oxford：Oxford University Press，1929.

［37］Childe V G. The aryans［M］. London：Kegan Paul，1926.

［38］Clarke D L. Analytical archaeology［M］. London：Methuen，1968.

［39］Fagan B M. In the beginning：an introduction to archaeology［M］. Boston：Little，Brown and Company，1981.

［40］Johnson M. Archaeological theory：a introduction［M］. New Jersey：Wiley-Blackwell，2010.

［41］Service E R. Primitive social organization：an evolutionary perspective［M］. New York：Random House，1962.

［42］Service E R. Origins of the state and civilization：the process of cultural evolution［M］. New York：W W Norton & Company，Inc，1975.

［43］Taylor E B. Primitive culture［M］. London：John Murray，1871.

［44］Taylor W W. A study of archaeology［M］. Carbondale：Southern Illinois University，1983.

［45］Trigger B G. Beyond history：the methods of prehistory［M］. New York：Holt，Rinehart and Winston，1968.

二、报刊

［1］白九江. 从三峡地区的考古发现看楚文化的西进［J］. 江汉考古，2006（01）：51—64.

［2］白九江. 三峡地区大溪文化的边缘效应：廊道效应、互惠交换、在地精神和简单聚落［J］. 重庆师范大学学报（社会科学版），2019（03）：33—38.

［3］蔡靖泉. 三峡库区新石器时代文化格局的变迁［J］. 三峡大

学学报（人文社会科学版），2014，36（05）：22－28.

[4] 陈文武. 寻骨探源：三峡地区原始骨器的发展［J］. 三峡论坛（三峡文学·理论版），2012（01）：6－11，147.

[5] 陈志贵，关捷. 中华文化与东北少数民族文化［J］. 地域文化研究，2017（03）：1－11，150.

[6] 程世丹，高康. 三峡地区的祠庙建筑［J］. 长江建设，2002（03）：38－39.

[7] 邓晓，何瑛. 美术考古视野下的环三峡地区新石器时代石质人像雕像研究［J］. 重庆师范大学学报（社会科学版），2019（05）：58－65.

[8] 段渝，谭晓钟. 涪陵小田溪战国墓及所见之巴、楚、秦关系诸问题［J］. 四川文物，1991（02）：3－9.

[9] 关毅. 东非发现最古人属化石或改写人类进化史［J］. 自然杂志，2015，37（02）：102.

[10] 管维良，林艳. 三峡巫文化简论［J］. 重庆师范大学学报（哲学社会科学版），2003（04）：3－9.

[11] 胡昌钰，赵殿增. 三峡考古回顾与探讨［J］. 四川文物，2003（03）：27－31.

[12] 胡田甜. 南越王墓出土凤鸟纹玉器与巫文化［J］. 文物天地，2019（01）：15－19.

[13] 吉林大学考古学系. 四川奉节老关庙遗址第一、二次发掘［J］. 江汉考古，1999（03）：7－13.

[14] 江章华. 渝东地区商周时期考古学文化研究［J］. 考古学报，2007（04）：379－404.

[15] 姜世碧. 四川古代渔业述论［J］. 四川文物，1995（06）：10－15.

[16] 蓝勇. 明清三峡地区农业垦殖与农田水利建设研究［J］. 中国农史，1996（02）：59－69.

[17] 黎小龙. "巴蜀文化""巴渝文化"概念及其基本内涵的形成与嬗变［J］. 西南大学学报（社会科学版），2017，43（05）：171－182.

[18] 李复华，王家祐. 关于"巴蜀图语"的几点看法［J］. 贵州民族研究，1984（04）：153－161，181.

[19] 李江浙. 秦人起源范县说［J］. 民族研究，1988（04）：78－86.

[20] 李明斌. 巴蜀铜兵器上虎纹与巴族［J］. 四川文物，1992

（02）：24－26.

[21] 李萍. 论龙蛇巴人的图腾崇拜 [J]. 开封教育学院学报，2019，39（04）：210－211.

[22] 李小波. 三峡文物考古成果的旅游转化途径与三峡遗产廊道的时空构建 [J]. 旅游科学，2006（01）：12－17.

[23] 林剑. 文化与文明之辨 [J]. 学术研究，2012（03）：19－23，159.

[24] 林向. 巴蜀考古与三大起源问题 [J]. 文史杂志，1999（01）：4－9.

[25] 刘前凤，杨华. 三峡地区巴、楚文化的考古研究 [J]. 长江师范学院学报，2013，29（05）：1－14，137.

[26] 刘原. 秦族源、早期秦文化与秦文学的萌芽 [J]. 文艺评论，2014（06）：83－87.

[27] 宁荣章. 轰动世界的"巫山人" [J]. 四川文物，1993（06）：70－72.

[28] 牛世山. 秦文化渊源与秦人起源探索 [J]. 考古，1996（03）：41.

[29] 秦永章. 江河源头话"於菟"：青海同仁年都乎土族"於菟"舞考析 [J]. 中南民族大学学报（人文社会科学版），2000（01）：52－55.

[30] 史威，朱诚. 三峡古文化衰退、调适及转型的原因分析 [J]. 自然杂志，2016，38（03）：200－208.

[31] 索德浩. 四川汉晋陶俑的初步研究 [J]. 考古学报，2018（01）：69－88.

[32] 谭优华. 巴人与崇拜图腾 [J]. 华夏文化，2001（02）：22－23.

[33] 唐备，杨华. 浅析三峡地区商时期葬俗文化 [J]. 三峡论坛（三峡文学·理论版），2012（01）：12－17，147.

[34] 万艳华，杨博超. 后三峡时代下的库区城市历史遗产保护的规划策略：以秭归城市建设为例 [J]. 理论月刊，2017（04）：137－141.

[35] 王冰洁，谭少华，丁坤虎，等. 3000 年移民史诗：从夏耕逃亡到三峡工程 [J]. 城市地理，2017（19）：55－65.

[36] 王文光，翟国强. 中国西南旧石器文化在中华文化形成中的地位 [J]. 云南民族大学学报（哲学社会科学版），2004（06）：111－114.

［37］王友富. 三峡地区文物的价值和保护探析［J］. 电影评介，2008（13）：104－105.

［38］王子今. 秦兼并蜀地的意义与蜀人对秦文化的认同［J］. 四川师范大学学报（社会科学版），1998（02）：110－118.

［39］吴春明，王凤竹. 湖北巴东茅寨子湾遗址发掘报告［J］. 考古学报，2001（03）：361－396.

［40］吴新智. 20 世纪的中国人类古生物学研究与展望［J］. 人类学学报，1999（03）：165－175.

［41］武仙竹，马江波. 三峡地区太阳崇拜文化的源流与传播［J］. 四川文物，2019（02）：35－41.

［42］武仙竹. 论龙骨坡遗址［J］. 华夏考古，2018（03）：38－44.

［43］武仙竹. 三峡地区人类化石资源的分布及研究价值［J］. 重庆社会科学，2008（04）：73－78.

［44］习近平. 在深入推动长江经济带发展座谈会上的讲话［J］. 社会主义论坛，2019（10）：5－9.

［45］向求纬. 三峡文物大清点［J］. 中国三峡建设，2004（01）：56－59.

［46］谢洪波. 巫鬼信仰视域下东汉巴蜀镇墓俑的功用分析［J］. 求索，2013（04）：84－86.

［47］邢松. 47 枚牙齿改写现代人起源与迁徙模式［J］. 科学世界，2015（12）：4－7.

［48］熊澄宇. 以文明互鉴促民心相通［J］. 求是，2015（10）：27－28.

［49］薛登. "杜宇禅位"与"巴人灭蜀"：蜀史探源之一［J］. 成都大学学报（社会科学版），1988（01）：24－29.

［50］鄢维新. 巴楚文化：一个古老而崭新的话题［J］. 中南民族学院学报（哲学社会科学版），1998（01）：62－64.

［51］鄢维新. 从"巴楚文化"看土家族文化与汉文化的关系［J］. 中华文化论坛，1999（01）：86－91.

［52］严宾. 秦人发祥地刍论［J］. 河北学刊，1987（06）：73－76.

［53］杨华. 长江三峡地区考古文化综述［J］. 重庆师范大学学报（哲学社会科学版），2006（01）：5－15.

［54］杨华. 长江三峡地区文物考古的回顾与展望［J］. 重庆大学学报（社会科学版），2001（01）：133－137.

［55］杨勇. 论巴蜀文化虎纹戈的类型和族属［J］. 四川文物，2003（02）：51－58.

［56］尹建东，冯小丽. 华夏文化视域中的西南与西南社会：秦汉时期巴蜀华夏认同的确立过程［J］. 文山学院学报. 2014（05）：37－41.

［57］于孟洲，夏微. 夏商时期考古学遗存发现和研究的回顾与反思：以鄂西峡江地区为研究对象［J］. 重庆三峡学院学报，2010（05）：9－16.

［58］张可荣，舒迎香. 中华民族共同体意识形成的文化密码［J］. 长沙理工大学学报（社会科学版），2021，36（04）：71－77.

［59］赵宾福. 重庆奉节先秦时期考古的主要收获：来自长江三峡库区的两个考古学个案研究［J］. 史学集刊，2004（03）：95－101.

［60］赵殿增. 四川考古的世纪回顾与展望［J］. 考古，2004（10）：3－13.

［61］赵冬菊. 三峡考古与巴文化研究［J］. 三峡大学学报（人文社会科学版），2001（03）：57－60.

［62］朱世学. 三峡考古与早期巴文化源头研究［J］. 重庆三峡学院学报，2010，26（01）：18－24.

［63］庄孔韶. 长江三峡民族民俗文物保护及其实践：兼谈人类学、民族学之角色呈现［J］. 中央民族大学学报（哲学社会科学版），1999（05）：128－147.

［64］邹后曦，白九江. 三峡地区东周至六朝铁器的考古发现及相关问题的初步探讨［J］. 江汉考古，2008（03）：55－66.

［65］邹后曦. 重庆考古 60 年［J］. 四川文物，2009（06）：32－45，103.